情緒管理 × 人格障礙 × 應激反應 ×
從心理困擾到自我重塑，走向健康人生

戰勝心魔

重塑自我

做自己的心理師

FACE YOUR DEMONS

魯芳 著

全面心理學知識＋實用自我調節方法

掌控情緒 × 擺脫病態心理 × 戰勝心靈殺手 × 重塑自我
解讀強迫症、終結情緒化、矯正障礙人格、關注特殊族群……

在生活中勇往直前，成為美麗人生的創造者！

目錄

前言

第一章　提問環節 —— 讓我們走進未知的心理世界

　　心理學究竟是什麼 ……………………………………………… 010

　　你是否越長大越不快樂 ………………………………………… 014

　　你是否受孩子們歡迎 …………………………………………… 022

　　你有怎樣的故事 ………………………………………………… 024

　　病真的是由「心」而生嗎 ……………………………………… 030

　　壓力來自何處 …………………………………………………… 036

　　內向是性格缺陷嗎 ……………………………………………… 042

第二章　情緒自治 —— 做優秀的情緒管理者

　　終結情緒化 ……………………………………………………… 046

　　憤怒向誰宣洩 …………………………………………………… 054

　　拒絕「語言暴力」 ……………………………………………… 063

第三章　心理自助 —— 告別病態心理

　　別種下心理病根 ………………………………………………… 068

　　你敢承認自己自私嗎 …………………………………………… 073

003

目錄

長期壓抑滋生病態心理⋯⋯⋯⋯⋯⋯⋯⋯⋯⋯⋯⋯⋯⋯⋯⋯ 081

別讓虛榮心膨脹⋯⋯⋯⋯⋯⋯⋯⋯⋯⋯⋯⋯⋯⋯⋯⋯⋯⋯⋯ 088

精神空虛是誰的錯⋯⋯⋯⋯⋯⋯⋯⋯⋯⋯⋯⋯⋯⋯⋯⋯⋯⋯ 093

慾壑難填為哪般⋯⋯⋯⋯⋯⋯⋯⋯⋯⋯⋯⋯⋯⋯⋯⋯⋯⋯⋯ 098

第四章　心靈殺手 ── 戰勝憂鬱與強迫

誰製造了憂鬱「病毒」⋯⋯⋯⋯⋯⋯⋯⋯⋯⋯⋯⋯⋯⋯⋯⋯ 102

走出憂鬱的陰霾⋯⋯⋯⋯⋯⋯⋯⋯⋯⋯⋯⋯⋯⋯⋯⋯⋯⋯⋯ 107

匪夷所思的強迫行為⋯⋯⋯⋯⋯⋯⋯⋯⋯⋯⋯⋯⋯⋯⋯⋯⋯ 119

解讀「強迫症」⋯⋯⋯⋯⋯⋯⋯⋯⋯⋯⋯⋯⋯⋯⋯⋯⋯⋯⋯ 125

破除「強迫魔咒」⋯⋯⋯⋯⋯⋯⋯⋯⋯⋯⋯⋯⋯⋯⋯⋯⋯⋯ 130

第五章　重塑自我 ── 跨越人格障礙

矯正衝動型人格⋯⋯⋯⋯⋯⋯⋯⋯⋯⋯⋯⋯⋯⋯⋯⋯⋯⋯⋯ 140

矯正偏執型人格⋯⋯⋯⋯⋯⋯⋯⋯⋯⋯⋯⋯⋯⋯⋯⋯⋯⋯⋯ 149

矯正依賴型人格⋯⋯⋯⋯⋯⋯⋯⋯⋯⋯⋯⋯⋯⋯⋯⋯⋯⋯⋯ 156

矯正迴避型人格⋯⋯⋯⋯⋯⋯⋯⋯⋯⋯⋯⋯⋯⋯⋯⋯⋯⋯⋯ 165

矯正自戀型人格⋯⋯⋯⋯⋯⋯⋯⋯⋯⋯⋯⋯⋯⋯⋯⋯⋯⋯⋯ 171

第六章　特別關注 ── 特殊族群心理調適

青春期心理調適⋯⋯⋯⋯⋯⋯⋯⋯⋯⋯⋯⋯⋯⋯⋯⋯⋯⋯⋯ 182

更年期心理調適⋯⋯⋯⋯⋯⋯⋯⋯⋯⋯⋯⋯⋯⋯⋯⋯⋯⋯⋯ 189

失去獨生子女的心理調適⋯⋯⋯⋯⋯⋯⋯⋯⋯⋯⋯⋯⋯⋯191

單親家庭子女心理調適⋯⋯⋯⋯⋯⋯⋯⋯⋯⋯⋯⋯⋯⋯195

第七章　美麗人生 ── 幸福要自己釀造

不完美也是一種美⋯⋯⋯⋯⋯⋯⋯⋯⋯⋯⋯⋯⋯⋯⋯202

打破心結向前衝⋯⋯⋯⋯⋯⋯⋯⋯⋯⋯⋯⋯⋯⋯⋯⋯208

角度決定世界的面目⋯⋯⋯⋯⋯⋯⋯⋯⋯⋯⋯⋯⋯⋯212

「樂觀」是可以練成的⋯⋯⋯⋯⋯⋯⋯⋯⋯⋯⋯⋯⋯217

目 錄

前言

　　一個人的生理健康和心理健康是緊密相連的。醫學證明，人類有76%的疾病都源自心理，良好的心理狀態勝過一切保健措施，掌握了維持心理平衡與健康的方法，也就等於掌握了身體健康的金鑰匙。

　　近年來，由於心理問題越來越普遍，人們也越來越重視心理健康，並開始積極尋求心理師的幫助。心理師在歐美國家是一種備受尊重的職業，很多人都有自己專屬的心理師。在當今生活和工作節奏空前加快的時代，誰的心理沒有或多或少的問題？只是有的人比較輕，有的人比較嚴重罷了。

　　但再輕的心理問題，如果不加以重視，就會越來越嚴重。日常生活中，也許並不是每一個人都有條件擁有自己的心理師，即便是心理師，他也不見得完全了解你的全部。而我們自己才是最了解自己的人，那何不嘗試著做自己的心理師呢？

　　閱讀本書的每一個人都有一定的潛能成為自己的心理師，一是因為我們不會比職業的心理師智商低，二是因為我們擁有強大的自體修復能力，有些心理問題最終還是要依靠我們的自我修復能力，才能達到預期的效果。

　　本書分為七章：

　　第一章以若干個問題引領讀者走入神祕的心理世界；

　　第二章針對人們感到最困擾的情緒問題，拒絕情緒化，拒絕語言暴力；

　　第三章涉及生活中最常見的病態心理，如果它們出現在你身上，那就

前 言

嘗試著按書中的方法自我調適吧；

第四章「解剖」兩個最凶狠的心靈殺手──憂鬱與強迫，它們潛伏在生活的角落裡，隨時可能向我們發動攻擊，所以要防患於未然；

第五章涵蓋了現代人常見的六種人格障礙，重塑自我，浴火重生，你將在人生的戰場上勇往直前；

第六章關注的是我們身邊的特殊族群和他們的心理困擾，你是否是其中的一員呢？或許也能從中得到啟發；

第七章寄託著美好的囑咐和誠懇的建議，美麗人生就像一杯醇香的美酒，需要我們自己來釀造，讓我們一起努力吧！

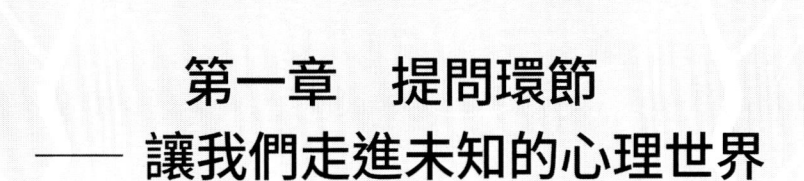

第一章　提問環節
——讓我們走進未知的心理世界

　　隨著社會的發展、人們工作和生活節奏的加快，各式各樣的心理問題開始陸續出現，心理學成為人們了解自己內心的途徑。你知道心理學研究的究竟是什麼嗎？為什麼很多人越長大就越不容易快樂？為什麼說病由心生不是傳言？性格內向難道就應該自卑嗎？壓力到底是怎麼一回事？

第一章　提問環節─讓我們走進未知的心理世界

心理學究竟是什麼

現實生活中，我們總是對心理學和心理學家充滿各種猜測，有的人即便好奇，也不敢輕易接觸，總認為和心理沾上邊的都不是什麼好事，甚至還有人很極端地看不起心理有問題的人，對心理學和心理學家也非常排斥。可見，人們對心理學還是存有一定的誤解。

第一，是不是心理學家都知道人們在想什麼呢？人們似乎習慣將心理學家和算命仙畫等號，認為兩者都是在研究人的心理活動，能夠一眼看穿人的內心，透視一切正常人所看不到的東西。實際上，這樣的認知是錯誤的。

心理學研究的內容遠比算命要廣泛，比如人的感覺、知覺、思維、記憶、情緒、性格等，當然也包括特定情況下的內心狀態。而心理學家所研究的就是這些心理活動的規律及其相互之間的關聯，包括它們是如何產生和發展的，會受到哪些因素的影響等等。心理學家根據人們外在的情緒表現以及測試結果來推斷其心理特徵。至於人們心裡究竟在想什麼，心理學家也沒有辦法完全猜測得到。

第二，心理學的地位是得到科學界肯定的。科學一直都是人們心目中尊崇的對象，因為它有十分嚴密的邏輯推理，還有嚴格的實驗操作；但人的心理卻是一種看不見摸不到的東西，況且人心總是變幻莫測的，研究人的心理根本沒有一個可靠的定律。此外，很多人對心理諮商有著一定的偏見，認為那些所謂的心理諮商簡直令人失望。

其實，這些都是因為人們對心理諮商抱有瞬間治癒的過高期望，沒有充分認識和正確了解，當結果與現實出現偏差時，自然會感到失望。實際

上,心理諮商師幫助個案解決心理問題,是一個漫長且需要互動的過程,它並不是一條立竿見影的心理治癒路途;況且,心理諮商如果想達到比較好的效果,還需要個案的積極配合。

國際心理科學聯合會於1982年正式成為國際科學協會聯合會的成員,這也肯定了心理學在科學界的學術地位。此外,在心理學中,很多研究領域裡所運用的研究方法一向都是與自然科學的研究方法相近的,比如實驗心理學、生理心理學以及心理物理學。如今,從心理學中的實驗控制、統計學分析,到提出結論,各個領域都已經採取了十分嚴格的科學設計,並且有一套統一的科學標準。因而,心理學的研究並不是不可靠的,而是被證明了的真正的科學。

第三,關於心理諮商和心理學的關係。說到心理諮商,一般指的是採用心理學的方法,對心理適應方面有問題或者需要解決某些心理問題的個案提供心理援助的一個過程。前來尋求幫助的人稱為當事人、個案或來談者,而提供援助、具備專業心理知識的一方稱為心理師。來談者在心理方面出現不適或有心理障礙,那麼他們就可以透過語言或文字等溝通媒介向心理師訴說、詢問,並在心理師提供的幫助和支持下,透過諮商找出引起心理問題的根源,找到癥結所在,以便掌握克服和擺脫障礙的條件和方法,幫助來談者恢復身心健康,提高應對外界環境的適應能力。

心理諮商作為一個新興產業,在一些發展迅速、工作和生活節奏比較快的大城市中比較受歡迎。心理諮商在這些城市也如雨後春筍般不斷湧現,各式各樣的心理門診、諮商中心、諮商專線等紛紛出現在眾人的視線內;心理師資格考試制度應運而生,使得心理學在社會上的影響力不斷提高。由此,在很多人看來,心理學就是心理諮商。

實際上,心理諮商確實是心理學的一門實際應用學科,也是被更多人

第一章　提問環節─讓我們走進未知的心理世界

所熟知的心理學類別之一，但這並不意味著心理諮商就是心理學。可以說，心理諮商是心理學的一個分支。而心理諮商也是心理學研究的一個目的，即幫助更多人更好地認知和適應生活中的種種困擾，尤其在面對心理問題茫然無措時，心理諮商不失為一條比較有效的解決途徑。

第四，關於心理學研究或心理諮商的對象。通常在大多數人的眼裡，前去看心理師的人都是心理有問題的人，甚至十分極端地認為這些人都是內心不正常的病人或變態者。或許正因為如此，很多內心不適、出現心理障礙的人都羞於接受心理諮商。但這在西方國家卻是一件十分普遍的事情。據說，當一個人在生活或工作上出現了問題，心情煩悶的時候，就會跑到自己的心理師的辦公室宣洩一番，之後心情就會好很多，而他們也並不認為這是一件不光彩的事。或許這與心理問題的普遍程度有一定的關係。

因而，我們應該調整心態，心理學研究或心理諮商的對象基本上都是正常人，而他們也並不僅限於一個人，還可以是一對夫妻、一個家庭，甚至是一個族群。這些對象一般都是在心理上出現了一些輕微的不適，或者是比較嚴重的心理障礙。倘若是患有精神疾病的人，就不在心理諮商的服務範疇之內了，通常都要交由臨床心理學家或精神疾病的相關專家進行診治。

第五，心理學家也是普通的正常人，他們既沒有特異功能，也不會為人催眠。心理學一向被人們認為是一種十分神祕而玄幻的東西，而那些研究心理學的人也就被認為是神祕的了。但事實上並非如此，他們也是十分正常且普通的人類，只不過他們在心理學這個領域的知識要比我們多得多，就好比科學家在科學領域的研究一樣。

關於催眠,首先發源於 18 世紀的梅斯梅爾催眠術(認為人的身上可以散發出「磁流」,使他人進入昏睡狀態)。而到了 19 世紀,英國著名醫生布雷德(Braid James)透過研究得出結論,他認為催眠術就是讓患者凝視著一件發光物體,長時間的凝視引導其進入睡眠狀態;並認為梅斯梅爾催眠術引起的昏睡狀態屬於神經性睡眠,所以稱為「催眠術」,而有關催眠術的內在機制至今依舊是一個謎。

人們總是認為一些懸而未解的現象帶有某種神祕感,因此往往對它們充滿嚮往和濃厚的興趣。著名心理學家佛洛伊德(Sigmund Freud)就很擅長催眠術,而他所代表的族群就是心理學家,因而,那些對心理學家還不太了解的人就把催眠術和心理學家連在了一起,認為心理學家總是會催眠。事實上,這樣的理解是不正確的。心理學家可能會催眠術,但這並不代表所有的心理學家都擅長。

總之,關於心理學和心理學家,不應該被人們視為神聖甚至是不真實的領域。隨著現代生活節奏的加快,很多大城市紛紛出現了許多心理諮商機構,就是專門針對那些因為生活和工作壓力過大而出現心理不適或心理障礙的人提供服務。但許多人還是因為種種客觀條件的限制,對心理諮商特別排斥。

鑒於這種情況,我們不妨嘗試著自己做自己的心理師。俗話說得好,這個世界上再也沒有誰能夠像自己這麼了解自己了。所以,你可以不必再被心理問題困擾,做自己的心理師,隨時點醒和開導自己。有時候一個長久以來攪得你心煩意亂的心結,往往只需要一句話就能解開,而你自己也完全具備這個能力。

第一章　提問環節─讓我們走進未知的心理世界

你是否越長大越不快樂

▶ 你為什麼會快樂？

　　越來越多的人在感慨和追憶，感嘆小時候的美好時光一去不復返，那時候的簡單透明在成年人的世界裡逐漸消失不見。雖然小時候渴望得到的東西，比如成年人的帥氣的西裝、優雅的高跟鞋、自由自在不受管束的生活等，在長大之後我們也都漸漸得到了，但事實上，有幾個人是如同小時候般真正快樂的呢？大多數人還不是又回過頭去懷念那純真的童年，還會有人感慨：要是永遠生活在小時候該多好！

　　心理學家認為，得到必定會有失去。比如你得到了兒時渴望的成人生活，那得到所要付出的代價就是不再擁有兒時的純真；再如你得到了真正的自由，父母再也管不了你了，但所要付出的代價就是你失去了童年時期特有的懵懂的歡樂，隨之而來的還有無邊無際的孤獨。好像很多事情兒時都不懂，但那時的快樂，而長大後你真正看清楚了，就不再有真正的快樂，似乎這就是得到與失去之間的辯證關係。

　　那為什麼現在的你感到孤單和不快樂呢？有的人回答說，我對我目前從事的工作總是提不起興趣，覺得沒意思，對未來的生活也充滿迷茫。只要一想到將來會面對的種種，尤其是一定要用功利的姿態去應對很多工作上的事情時，我就覺得自己活得很累，還不如一個孩子活得快樂。事實上，這也是很多人的心聲。為什麼不快樂？其實在回答這個問題之前，我們應該糾正一下問法：為什麼我們會快樂？而不是我們為什麼不快樂。

　　曾有心理學家對該問題進行了一系列的研究。我們知道，人的大腦的體積和結構自人類進化以來便發生了巨大的變化，結構的變化導致體積增

加，其中就多了一個叫做額葉的部分，這是大腦中最高級的部位。而在額葉裡最為重要的一個部位就是前額葉皮質，具有「創造模擬經驗」的功能，即人類可以透過它在大腦中對一些未曾真實感受過的經歷進行某種模擬感受，這與情景性記憶、工作性記憶以及自我抑制能力相關。

近年來，心理學家們對人類決策行為的研究也表明，大多數人的決策都與前額葉皮質有關，即對未來事件及情感的預估。心理學家指出，這裡的情感便是廣義上的幸福感，人們對經驗的模擬，在某種程度上就是對幸福感的預測。人們在做每一項決策之前，幾乎都要建立在對事件情感結果的內隱性或者外顯性預測的基礎之上；而之所以會做某種決策，是因為相信這項決策會比其他的決策帶來更大和更強烈的幸福感。

但是實際上，即便人們能夠透過預測幸福感確定哪件事會使自己獲得快樂或痛苦，但卻不能準確預估這種快樂或痛苦的持續時間和幸福感的強烈程度。心理學家分析，這裡一般會出現兩種情況：其一是高估了快樂或痛苦的持續時間和強烈程度；其二便是低估。高估的情況比較普遍，被心理學家稱為「認知偏誤」。

曾有資料顯示，在一起交通事故中得以倖存的人，即便下肢癱瘓，也會在事故之後的幾個星期內恢復心理創傷；那些失去了親人、情人的人在此後的一年之內情感表現就恢復了正常。也有相關實驗表明，那些在事故中截肢的倖存者在一年之後的幸福感強烈程度和中樂透者在一年之後的幸福感強烈程度，幾乎完全是一致的。這些調查資料似乎和我們平時的所見所聞不符合，甚至完全相悖，但它們又是確切存在的。

因而，心理學家認為，無論人們遭遇了多大的困境和挫折，一段時間以後（也許是幾個星期，也許是幾個月，甚至是一年、兩年），這件事就

第一章 提問環節─讓我們走進未知的心理世界

不再會對人們有什麼影響了。而我們大多數人正是因為高估了這種影響力，所以才會出現心理困境，就像自己讓自己背上了一個巨大的包袱。如此一來，再堅強的人也有精疲力竭的一天。換句話說，很多事情對你的影響力其實並沒有那麼大，更沒有你想像的那麼嚴重，而是你自己對自己施加的壓力過大才導致了現在的不堪局面。

在幸福感的預測過程中，認知偏誤導致我們過分高估事件的情感影響力，進而無法自拔，陷入心理惡性循環走不出來。而如果我們意識到這種偏誤的存在，是不是就會好點呢？答案是肯定的，這也是為什麼很多人會選擇在悲痛的時候讓自己忙碌的原因。人的身體和思考一旦忙碌起來，就不會再去胡思亂想，那些悲傷的記憶就會暫時被擱置，我們只要告訴自己，現在不要去想了，先做點別的事情！等忙完這段時間之後你再去回想，也許會比當時好得多。所以，別再高估某件事情對你的影響力了，否則在你的痛苦中有一大半都是你自己給自己的，何必呢？

▶ 是什麼阻礙了我們的快樂？

如果細心觀察，我們會發現，那些表面上看起來很快樂的人，其實也未必就真的快樂，誰的生活盡是一帆風順的呢？他們也有不快樂的時候。但也有很多人不管何時，都是一副鬱鬱寡歡的模樣，人們一看到他們，就會馬上聯想到各式各樣的遭遇在他們身上上演，但其實他們也未必就真的如此不快樂。

而心理學家將快樂一分為二，即發自內心的、天然的快樂和自我創造的人工快樂。如果一個孩子在週末的早晨，被父母逗得「咯咯」直笑，清脆的笑聲幾乎可以穿越厚實的水泥牆壁，讓大人們羨慕不已，這樣的快樂

就是天然的，發自孩子的內心並且千真萬確；如果一個上班族在繁忙的工作之餘，情緒跌落谷底，為了不讓自己久久沉淪在谷底，他也許會去尋找各種方法安慰自己，直到成功達到心理調節的目的，這便是透過自我創造而獲得的人工快樂。當然，這並不是說在成年人的世界裡就一定沒有天然的快樂，只是這種發自內心的天然快樂已經沒有孩子那麼多、那麼純粹罷了。

心理學家建議，當天然的快樂難以得到時，人工快樂是幫助人們保持快樂的最好方式。說得簡單點就是，當你希望得到快樂而不可得時，不如自己製造出來。譬如，當某男向某女告白失敗後，他就很難快樂起來，此時為了不讓自己持續悲傷，他可以這樣安慰自己：我這麼專情的一個人，妳不喜歡我是妳的巨大損失。當然，當他告白成功時，他就能獲得天然的快樂。

表面上看起來，人工快樂遠遠比不上天然的快樂美好，可是實際上，人工快樂相較於天然的快樂，要更加長久和實際。但問題又來了，既然如此，那為什麼現代人還是難以快樂呢？難道說現代的人們連為自己製造人工快樂的能力都喪失了？

研究發現，一個人如果能夠及時地為自己製造快樂，那他就不會不快樂；但假如他已經沒有了這種能力，長此以往，這個人就成了一個患有「快樂遺失症」的人。那究竟是什麼阻礙了快樂的生成？

在經濟學中有一個術語叫「沉沒成本」，指的就是由過去某項已經發生了的決策，導致現在或者是將來的任何決策都無法改變的成本。在商業決策中，沉沒成本是影響決策的一大關鍵要素，指那些已經付出的、不可收回的成本。而在心理學中，沉沒成本則意指那些耗費的精力、時間、金

第一章　提問環節—讓我們走進未知的心理世界

錢等,都已經是無法挽回的成本了。此時很多人就會想:既然已經這樣了,那就繼續下去吧,或者事已至此,就不再徒勞掙扎了吧。

沉沒成本效應揭示了人們內心普遍存在的一種自我申辯,不願承認自己先前的決策失誤,希望總是可以與之前的選擇保持一致,也是一種避免浪費的心理。心理學家指出,沉沒成本效應雖然讓人們在一件事情上失去了再選擇的機會,但卻能夠產生自創快樂的效果。

研究人員曾在美國的一所大學內開設了一門攝影課程,在期末時要求學生自拍兩張照片,然後上交其中自己比較滿意的一張。該實驗分成兩組,研究人員對第一組學生說:「想好了再上交啊,因為交上來後我就會立即轉寄給××美術館,你們就沒有更改的機會了。」而對另外一組學生說:「大家慢慢挑,選不好也沒關係,交上來後還有三天的時間讓你們更改。」

結果,實驗證明,前一批大學生在壓力的作用下迅速做出了選擇。在一段時間之後,他們還是會怡然自得地認為自己交上去的那張是最好的;而後一批大學生則在反反覆覆的選擇和更改中糾結、煩悶,部分人還出現了失眠現象,到最後他們還是認為留在手上的那張才是最好的,因而後悔不已。

這項實驗證明了,當選擇越多時,人們就越是難以獲得快樂,最後甚至會連人工快樂一併失去。也就是說,當自由越多,決策也就有了隨時都可更改的條件,正是這種可更改的決策權阻斷了人們自製快樂的能力。

如果站在一個孩子的角度來說,向父母索要一雙好看的名牌運動鞋而不得,得不到也沒辦法,儘管已經渴望很久,儘管也和父母鬧過很多次彆扭,但如果真的得不到的話,孩子們也不會怎麼樣,他們依舊還是有自己

的快樂和樂趣,甚至還會憧憬著將來長大,賺好多錢,把所有想要的東西都買下來。

但是長大後就不一樣了,小時候想要擁有的名牌運動鞋,長大後即便父母還是沒有買給他們,但他們已經擁有了獨立的經濟能力。但此時擺在他們面前的已經不只是一雙名牌運動鞋,還有太多的誘惑,也有太多他們想要得到的東西。

所以,擁有了決策自由權的同時,決策的難度也在不斷攀升。從前的那種「車到山前必有路」、「哪怕劍走偏鋒,也要嘗試一回」的想法在悄悄消失,失去了對未知的無限渴望和追求無限可能性而產生的強烈刺激感的基礎。

▶ 如何選擇才能擁有幸福感?

假設現在就有兩個選擇擺在你的面前,一個是年薪超過十萬的工作,但你必須去一個完全陌生的城市;另一個是年薪只有六萬的工作,但你不必離開現在的城市。在其他條件都相同的情況下,你會怎麼選擇呢?我想很少有人會立即做出決策,總要經過一番內心掙扎。正所謂有得必有失,天下真的很難有「掉餡餅」之類的事情發生。

在你做決策之前,對前一份工作的幸福感預測可能會集中在年薪這個比較誘人的數字上,而對後一份工作的幸福感預測會集中在你不必離開現在的城市。最終你會選擇哪一份工作,就完全取決於你更傾向於超過十萬的年薪的幸福感,還是不必離開當前熟悉的城市的幸福感了。

心理學研究指出,現代人之所以越活越不快樂,是因為他們總是覺得自己曾經做出的選擇是錯的,不夠完美的,甚至一度感嘆「要是當時我⋯⋯就好了」或「如果我當時⋯⋯會不會更好呢」,這樣的想法無疑將自

第一章　提問環節─讓我們走進未知的心理世界

己推向了不快樂的境地，同時也阻斷了人工快樂的合成。

基於此，心理學家指出，如果人們能夠預測到決策將會帶來的結果，便會做出正確的決策，而不必再為此感到不幸福和不快樂了。決策過程中容易出現的四大偏差會影響到決策的幸福感；而反過來，如果人們能夠成功降低這四大偏差的影響力，那決策的幸福感就會有所提高。

第一，影響我們做決策的是情緒偏差。情緒這個東西總是令人捉摸不透，它可以瞬間產生、瞬間消失，也會醞釀產生而持續很長一段時間。但不管時間長短，它都會影響到決策。比如，我們總是會在飢餓的時候看到什麼都覺得好吃，結果在超市裡一買就是一大包，可是回家之後飢餓感消失了，便會發現很多都是垃圾食品；或者我們在高興的時候會覺得周圍的人都非常友好和善良，但當我們情緒消沉時，似乎周圍的每一個人都在和自己作對，越是這樣就越是難以高興起來。心理學家指出，情緒會影響和限制人們的認知狀態，使人難以體會做出正確決策之後的感覺，進而導致決策偏差。

避免情緒偏差最好的方法是，把我們在做決策過程中產生的情緒都寫在一張紙上，然後再與我們希望決策之後獲得的情緒感受做比較，兩者的差距如果很大，也就意味著我們的決策是不正確的。這可以幫助我們判斷什麼樣的決策才會真正讓我們感到快樂和幸福。

第二，認知偏誤的存在使得人們總是過高地預估某些事件對他們的情緒的影響力。曾有實驗表明，兩個關係不好的人，在絕交幾個月後，關係並不會如預期中的糟糕；一樣的道理，某項決策在做出之後也不會有如我們預期中的幸福感或不愉快。

要想避免認知偏誤，最好是先不要把我們對某件事情的判斷焦點過分

集中,而是要盡量放寬,不要總是認為我們的不愉快都是因為這件事或這項決策,而是要充分考慮到其他事件的存在。告訴自己,即便是別的選擇也同樣會帶來不同的困擾,進而降低我們的預估值,避免某些比較極端的看法和影響。

第三,記憶偏誤也是影響決策的一大要素。大腦總是會記住人們經歷過的事情,並將這些經驗作為某項決定的試金石,比如,當一個人有過交通事故的經歷後,他會在某次汽車爆胎時想到極端悲慘的境遇,而其他的人就不會這樣極端。此時,越是擔心會出現嚴重事故的人就越是忐忑不安,往往影響他做出正確的決策。

避免記憶偏誤的辦法一般是,多回憶一些相關經歷,而並不僅僅是那些極端悲慘的記憶,當你覺得事情不會每次都那麼糟糕時,情況就會好很多;同時,也要盡量清醒地面對你當前的記憶,如果都是消極的,不妨找些比較積極的回憶來進行調和。

第四,決策中的信念偏誤也會影響到最終的決策幸福感。生活閱歷逐漸豐富是一件好事,不少人會在潛意識裡憑藉那些閱歷為自己建立一種情境模式,即什麼樣的場景會令自己變得開心,什麼樣的場景會讓自己煩悶等等。但實際上,當一個不怎麼愉快的經歷緊隨在一個十分愉快的經歷之後時,那個不怎麼愉快的經歷就會被劃入令自己煩悶的板塊之中;或者一個不怎麼愉快的經歷緊隨在一個十分不好的經歷之後,那麼,那個不怎麼愉快的經歷便會被劃進令自己開心的板塊之中了。這就會導致後續決策出現一系列失誤。

此外,當一個人面對多種選擇時,決策的幸福感也會降低。就比如有兩個女孩,一個愛打扮,衣櫃裡總是有穿不完的漂亮衣服,但是她每天出

門前都要思前想後，猶豫一個多鐘頭，因為衣服太多，她不知道該穿哪一件；而另外一個女孩也愛打扮，但是她的衣櫃裡只有七套衣服，因為選擇不多，所以她也就不用每天出門前為穿什麼衣服而煩惱。這其實就是我們在前面提到的阻斷人工快樂的一大元凶。

要想避免信念偏誤，增強決策的幸福感，不妨問問自己：「讓我真正快樂的是什麼？」分清楚哪些是真快樂，哪些是假快樂，不要隨意為自己建立錯誤的「情境模式」。此外，減少可供對比的對象，當你明知如此會平添煩惱，還要故意為之，那就是自尋煩惱。

有研究指出，當人們對某種經歷感受得太多，滿足度就會達到飽和。也就是說，某件事情經歷的次數過多，能夠帶給人們的滿足感就會大大降低。所以，不妨嘗試一下新事物，讓自己時刻處在對未來未知的狀態，神祕感會增強滿足感，也會提升幸福感。

你是否受孩子們歡迎

曉嵐是一位年輕潮媽，她的兒子才 9 個月大，有時候她會帶著兒子到公園裡散步，大家見到曉嵐可愛的兒子都會忍不住上前逗逗他。大家原本是好意，但更多的時候都事與願違，寶寶不但不領情，還哇哇大哭起來，惹得很多人尷尬不已。如果不是曉嵐親眼所見，她肯定會覺得是哪個討厭的傢伙故意弄哭了寶寶。

後來，曉嵐在一本雜誌上看到了這樣一篇文章，她這才知道原來 9 個月大的孩子也是有自己的社交偏好的，他表達喜歡是用傻傻的可愛的笑臉，而表達不喜歡則是用哇哇大哭；而他判斷自己喜歡還是不喜歡的標準

竟然與成年人一樣,即對方是不是和自己很相像。

心理學中有一個「相似吸引理論」,即人們總是對和自己比較相似的人有更多的好感,而對與自己差別太大的人則有明顯的排斥感。比如,相同星座的兩個人會顯得特別親近,有相同行為習慣的兩個人也會比其他人更為理解彼此。實驗證明,這樣的社交偏好在嬰兒的世界裡同樣存在,但不同的是,成年人不會將這種不喜歡很明顯地表現出來,而嬰兒就不管那麼多,反正不喜歡就是要立即表現出來,而且還要表現得淋漓盡致。

加拿大英屬哥倫比亞大學心理學院教授基莉‧哈姆林曾和她的同事們進行了兩項實驗研究。首先,他們找來分別為9個月和14個月大的嬰兒,讓他們自行選擇喜歡的食物,其中可供選擇的有全麥餅乾和青豆。緊接著,他們讓嬰兒們觀看一場設計好的木偶劇。在這個木偶劇裡,有一個木偶很喜歡全麥餅乾,另外一個木偶則非常喜歡青豆;然後,嬰兒們還看到,那個與自己有相同的食物偏好的木偶的球掉在了地上,此時另外一群木偶出現了,其中有部分木偶很友善地將球撿起來並交還給失去球的木偶,而另外一部分木偶則是把球撿起來,然後偷走了。

最後,基莉‧哈姆林和她的合作者們讓嬰兒們像選擇自己愛吃的食物一樣,去選擇自己更喜歡木偶劇裡的哪個角色,即扮演歸還球的友善的木偶,還是偷走球的壞蛋木偶。實驗的結果證明,幾乎所有的嬰兒都選擇了歸還球的木偶角色,也有極少一部分嬰兒選擇的是偷走球的壞蛋木偶。

也就是說,嬰兒們顯然已經把木偶劇裡和自己有相同食物偏好的木偶當成了自己,並更加喜歡那個幫助了和自己相似的木偶的角色。簡單地說就是,嬰兒們更喜歡那些對與自己相似的友善的人。

同時,實驗的結果更深層次地證明了,不同年齡層的嬰兒們都討厭搶

走和自己相似的木偶的球的角色,要更甚於那些搶走和自己不相似的木偶的球的角色;而他們喜歡那些偷走了和自己不相似的木偶的球的角色,要更甚於偷走了與自己相似的木偶的球的角色。即嬰兒們都比較喜歡那些傷害了和自己不相似的木偶的角色。

為了驗證這一實驗結果,基莉・哈姆林和她的合作者們又進行了第二項實驗。在第二項實驗中,他們故意設計了一個中立的木偶角色,它沒有表現出自己的食物偏好,更沒有在劇中表現出任何友善和惡劣的行為。

這項實驗的結果表明,和中立的木偶角色相比,14個月大的嬰兒更喜歡那些傷害了和自己不相似的木偶的角色,而更不喜歡幫助過不像自己的木偶的角色。也就是說,當那些與自己不相似的木偶需要幫助時,14個月大的嬰兒會站在不幫助的角度上,對給予它們幫助的角色表現出厭惡,對傷害它們的角色表現出好感。

可見,成年人的社交習慣在嬰兒身上就有了十分鮮活的展現,包括人類社交中的某些陰暗面,即看到自己不喜歡的人受苦受難時,內心會產生一種幸災樂禍的心理。

研究者認為,嬰兒們在他們的社交活動中已經充分展現了社交偏見的存在。因而,當某個嬰兒一見你就哇哇大哭時,那就說明,你不是他喜歡的類型。

你有怎樣的故事

每一個生命都有自己存在的價值,我們能夠在一朵花中看透整個世界,在一個人的故事中也能體會出人情百態。

> 你有怎樣的故事

近些年來，不斷有人訴說自己的悲慘境遇，向相識的每一個人講述自己的故事，表達著他們自己究竟是一個什麼樣的人，彷彿整個世界上再也沒有比自己更悲慘、更悲傷的人了。其實，每個人都有故事，而這故事究竟有多悲傷，也只有他們自己才知道；訴說的人不知道對方是否為知己，更不知道對方也有故事，只不過選擇了一個訴說的對象罷了。

心理學家指出，其實每個人都生活在自己的故事裡，當經歷越多，故事也就越多。當人們將這些故事每天不止一遍地在腦海中反覆播放時，就形成了強化效果，進而引導人們透過這些故事去理解這個世界，去決定如何行動。

那麼，這些故事是如何對一個人的世界觀、價值觀等產生影響的呢？美國哥倫比亞大學著名心理學家卡蘿·德威克（Carol Dweck）做了這樣一項實驗。她從紐約市區的某個小學中隨機抽取了一群五年級的小學生，分成兩組並讓他們做一些智力題目。孩子們做完之後，卡蘿·德威克和她的合作夥伴們都會給予讚揚，但表達讚揚的詞語並不一樣，他們對第一組的小學生說：「啊，你一定非常聰明！」對第二組的小學生說：「啊，你一定非常努力！」

接著，實驗進入下一輪。卡蘿·德威克和她的合作夥伴告訴孩子們，他們可以選擇一套更難的智力題目，但他們可以從中學到更多有用的東西，或者是選擇一套比較簡單的題目。第一組被讚揚「非常聰明」的孩子大部分都選擇了簡單點的題目；而第二組被讚揚「非常努力」的孩子有90%以上都選擇了一套更難的題目。

當孩子們第三次答題時，題目是不可以選擇的——都是一些超出他們當前知識範圍的題目，結果所有的孩子都沒有及格。不過，卡蘿·德威

第一章 提問環節—讓我們走進未知的心理世界

克和她的合作夥伴們關注的並不是結果，而是孩子答題的過程。他們發現，那些被讚揚「非常聰明」的孩子很早就放棄了；而被讚揚「非常努力」的孩子則付出了更多的努力。

實驗最後，孩子們被要求做第四套題目，只不過這次是與第一套題目難易程度相等的題目了。而結果還是很令人驚訝，被讚揚過「非常聰明」的孩子居然退步了20%；被讚揚「非常努力」的孩子們則進步了30%。

實驗驗證了「你非常聰明」和「你非常努力」這兩種不同形式的讚美對人產生的不同影響。德威克分析認為，聰明是對一個人天生能力的肯定，而努力則是後天可被控制的潛能因素，直接影響到一個人對某件事情的態度，那些被稱讚為「努力」的孩子們就意識到了這一點，他們認為自己有能力透過控制自己的努力程度去贏得成功；而那些被稱讚為「聰明」的孩子就會把自己的成功歸結為既定能力，是上天早已注定好的，因而也就不會再對超出其能力範圍的事情絞盡腦汁了。相比於前者，他們在失敗面前的心態更為消極。

試想，在我們的生活中，不經意間的一句話會對對方產生多大的影響；反過來，當我們在生活中逐漸累積閱歷，閱歷就會告訴我們成功是如何獲得的，我們自己是怎麼樣的一個人以及我們所生存的這個世界是怎樣的等等。而這一切也決定了我們用什麼樣的眼光和態度來審視自己。與其說每個人都有自己的故事，不如說每個人都有自己審視自己以及世界的方式，只是這方式與個人的經歷（故事）息息相關。

心理學中還有一個很有名的實驗──習得性無助。美國心理學家馬丁‧賽里格曼（Martin Seligman）將一隻狗關在籠子裡，並用電擊棒攻擊牠，蜂鳴器作為電擊開始的訊號，此後只要蜂鳴器一響，那隻狗就會遭到

電擊，而牠被關在籠子裡，根本逃脫不了。

多次實驗之後，賽里格曼再次拉響蜂鳴器，但是這回在電擊之前，他開啟了籠門，遭到電擊的狗此時不但沒有反抗，更沒有想要逃脫的意思，反而直接倒在地上，做垂死掙扎狀。實驗的結論是：一直遭受習慣性電擊的狗已經失去了擺脫困境的意識，並甘願忍受電擊。

1975年，賽里格曼又針對人做了一次實驗。實驗的對象是一群大學生，他們被分成三組，第一組大學生聽一些噪音，他們無論如何都不能使這種噪音停止；第二組大學生也聽一種噪音，但他們可以透過自己的努力使噪音停止；而第三組大學生則不用聽任何噪音。

當這三組大學生分別在各自的條件下實驗一段時間之後，賽里格曼讓他們開始下一輪實驗：有一個事先準備好的「手指穿梭箱」，當受試者把手放在「穿梭箱」的一側時，一種很強烈刺耳的噪音就會響起來，如果把手放在「穿梭箱」的另外一側，噪音便會立即停止。

在這一輪實驗中，第二組和第三組大學生找到了使噪音停止的方法，而在第一輪實驗中無論如何都不能使噪音停下來的第一組大學生沒有做任何停止噪音的嘗試。也就是說，人們在最初階段的某個情境中形成了無助感，那麼，在之後的類似情境中仍舊無法從中走出來。受最初階段的無助感的影響，他們會將這種感覺擴展到生活的各個領域，並最終導致個體的壓力，甚至對生活失去希望。如同那隻習慣了接受電擊的狗，原本有機會逃離，卻絕望地等待痛苦降臨。

實際上，當我們各自活在自己的世界和故事中的時候，那些故事裡的種種悲喜已經教會了我們如何忍受痛苦，如何取得成功，我們對自己、對生活、對世界等的種種看法均來自過往的經歷。久而久之，我們也會產生

第一章 提問環節—讓我們走進未知的心理世界

一種叫做「習得性無助」的心理感受，即便有一天環境改變了，這種心理感受依舊不會改變。

說得具體點就是，我們在成年後因為種種現實的不快經歷，讓我們逐漸產生了一種「不幸福」的心理感受，尤其是和小時候的那種純真無瑕比起來，簡直是天壤之別。由此我們也就漸漸變得不再快樂，並懷念小時候的美好；再者，當我們以一種「不幸福」的心態去生活，以一種充滿敵意的眼光去看待世界，以一種強烈的被害心態去提防和挑戰他人時，生活肯定不會幸福，世界肯定不會友善，他人也肯定反過來提防和挑戰我們。最後，我們只會在這種境遇中重複這種惡性循環。

小時候固然美好，那是因為那時候我們對很多事情都還不太了解，很多事情並不需要我們親力而為，自然不會感受到其中的心理感受。可以說是那時候的美好心態決定了當時的美好生活。心理學家指出，其實我們每個人的心中都有一些長期存在的、隨時可供讀取的觀點、信仰以及對世界的認知，在短時間內可以透過一些技巧有所改變，但這種方式並不能持久，因為我們的思考模式是很難改變的。但同時，心理學家也發現，信念是這個世界上最具有威力的東西，你願意相信什麼，你最終就能夠成為什麼或擁有什麼。

有研究顯示，一個人的感受正是他所相信的。即一個人對現實產生什麼樣的感知，基本上取決於這個人所持有的信念。這種信念不一定是真的，除非它是既定的事實。但實質上來說，它會主宰一個人的態度，進而影響個體感受以及接下來可能會產生的行為反應。

之前就有實驗證明，許多情緒反應和習慣性行為在某些特定的情況下會一觸即發。這是在人的早期階段家人、同齡者、師長或周圍其他人施加

> 你有怎樣的故事

的影響,這些人所持有的態度或基本的核心信念等都會或多或少地被當作「既定的事實」去接受,久而久之便會演變為一種真理,扎根在人的心中。

只是在最初,孩童在接受這些類似於「指令」的認知時,尚未有真實的實踐經驗和親身感受。等到漸漸長大,這種最初的「指令」就會逐漸成形,在潛意識裡成為信念、行為、態度的根源,在成年後的生活中時不時地跳出來發揮作用。即便它們似乎不能直接發揮作用,但卻在思想裡限制著我們對整個事件和世界的看法和想像,甚至阻斷獲取幸福感的管道。

如果說情緒是一種狀態,那麼,情緒的個人化感受便是人的內心感受;而決定這種感受的關鍵因素正是我們自己所持有的信念。孩子大腦中的潛意識是逐漸發展起來的,並有可能在某個階段重新建立。即便成年後,這種潛意識也是有機會改變的。

因而心理學家建議,可以嘗試著用與潛意識對話的方式去改變我們的思想,這種方法適用於處在 20～70 歲之間的任意年齡層的人。比如,首先你要描述一下現在的你,你對這樣的一個自己感到滿意嗎?或者你會覺得生活不夠圓滿,你依舊經常感到空洞和失落等,那麼,這些令你感到遺憾的都是些什麼東西?

我們可以像挖掘一件寶物一樣,不斷地從自身挖掘,直到找到靈魂深處的那個最真實的你 —— 結合生活中的你,確切地表述你的個性特徵、極具差異性的個人化特徵等。在你生活中的各個方面,這些特徵的表現是不是都是趨於一致的?還有,在某個特定的人生階段,你是不是還會表現出其他的鮮明特質?

然後,繼續與之對話,詢問對於生活中的一些比較自我的表現,是否被忽略過,被遺忘過,甚至沒有去關注過?或者,在你走過的人生路上,

第一章 提問環節—讓我們走進未知的心理世界

是否已經遺失了很多最原始的東西？

回首人生之路，有哪些場合你還沒有去過？有什麼機會你沒有把握住？有哪些挑戰是你一直都迴避而不敢嘗試的？

面對什麼樣的挫折，會使你覺得精力匱乏或者能力有限？

在你的某些長項中，哪些是曾經一度被你否決的？

在人生的某些重大事件面前，是什麼在阻止你做你原本就想要去做的事情？或者是什麼阻礙了表現最真實的你？

……

我們相信「人之初，性本善」，也深信最初的自我是無比純潔和幸福的。因而，當你一層層地同你的潛意識對話得到的答案拼湊起來時，也許那個曾經被丟下的孩子就會回來了。只要我們足夠了解自己，並從真實的自我中找到信念，它就會逐漸幫助我們改變看待世界的眼光、為人處世的態度等，進而扭轉「不幸福」的思想。要知道，每個人都一樣，都要經過小時候，然後長大，但長大並不意味著幸福感的流失，重要的是我們如何去看待和用怎樣的心態去面對成年後必須要面對的事情。

▌病真的是由「心」而生嗎 ▌

最近幾年，一種「病由心生」的說法甚為普遍，很多愛好養生的人一談到疾病，首先都會說到這個詞。雖然大家已經開始接受這種觀點，但依舊不明白其中的緣由。

有這樣一個例子：澳洲 24 歲的青年大衛‧沃德接受了心臟移植手術，

病真的是由「心」而生嗎

手術成功後他也逐漸康復起來。可奇怪的是，他以前是一個不愛吃油膩、油炸等高熱量垃圾食品的人，而手術之後，他開始有了想要吃那些食物的強烈慾望，比如漢堡、油炸馬鈴薯等。專家認為，這是因為他移植了一位愛吃油炸食品的人的心臟。

科學已經證明，70%的心臟移植患者在進行過手術之後個性特徵發生轉變，並開始表現出捐贈者的特質。這是因為人的心臟具備記憶功能，並且是除了人腦之外的另一個具備儲存記憶和個人特徵功能的人體器官。

科學家還發現，在日益激烈的社會競爭中，人們的生活、工作節奏在不斷加快，壓力隨之越來越大，心也就隨著大腦一起進行了一場場思想活動。因而，很多時候，人們覺得大腦疲勞、身體疲勞的同時，其實感到累的應該還有心。

美國心理諮商專家約翰‧辛德勒（John Albert Schindler）經過實驗研究認為，人類76%以上的疾病由不良情緒引起。情緒和身體之間存在最為直接的關聯——憤怒的情緒會直接導致人的血壓急遽上升，而血壓上升的最直接、最惡劣的後果就是血管破裂，輕則中風，重則死亡。心腦血管破裂、堵塞就有可能誘發猝死或者心肌梗塞，導致死亡。

為了證明「病由心生」的真實性，我們有必要對生活中比較常見的現象做一些了解。

第一，如果單就我們生活中比較常見的輕微現象來說的話，身體某個部位的肌肉出現痠痛，這其實正是情緒造成的，因為不良的情緒往往會透過骨骼肌和體內器官的肌肉緊張收縮表現出來，不良情緒持續的時間越長，就意味著肌肉緊張持續的時間越長，有時候甚至還會出現不間斷的機械性重複。久而久之，就會導致相關部位的肌肉出現疼痛。

第一章 提問環節—讓我們走進未知的心理世界

第二，不良情緒還會引起皮膚病。研究發現，不良情緒會促使皮下血管出現持續性擠壓，進而引起皮膚炎。當血管緊縮，部分血清便會由血管的薄壁擠壓出去，在皮膚組織上形成聚集。剛開始時，皮膚表層會有緊繃感，進而出現紅色斑點，當血清達到足夠數量後，情緒性皮膚炎就出現了，並且這種病可以出現在人體的任意部位。

約翰‧辛德勒曾有一位年過七旬的老年病人。據了解，在他68歲之前並未有過任何皮膚病，但在67歲時，他的妻子過世，68歲的他另娶了一位與自己同齡的妻子。在兩人度蜜月的時候，他首次患上了皮膚炎。皮膚炎在蜜月結束後越發嚴重。於是，他找到約翰‧辛德勒醫師尋求幫助，並最終住院接受治療。住院期間，病情得以好轉，可是他出院回家後，病情再次發作。

有一次，他因為公務出差去一個小鎮，在那裡他的皮膚炎在沒有接受任何藥物治療的情況下痊癒了，可是，回到家後不久再次發作，最後不得不再次住院。接下來，他又去了另外一個更遙遠的小鎮出差，相同的情況再次出現，皮膚炎在不到一週的時間內就痊癒了。一個偶然的機會，他的妻子不得不離開家去照顧一個生病的親戚，他回到家後，再次發作的皮膚炎在妻子離開家的那段時間居然又痊癒了。至此，他的皮膚炎病因似乎才真正清晰。

約翰‧辛德勒問他：「在你與你的第二位妻子一起度蜜月的時候，你覺得她怎麼樣？」他想也沒想就回答說：「她簡直讓我無法忍受，性情蠻橫跋扈。」他的回答正印證了約翰‧辛德勒醫師的猜想。後來，他的妻子得知了事情的原因，震驚之餘表示自己會改變。事實證明，這位女士的改變很明顯，而她丈夫的皮膚炎症狀也一點一點地好起來。

第三，為什麼很多人在心情不好的時候就很難進食？還是因為情緒。有研究發現，多數患有胃病的人，其實都不是胃部本身的問題，大都是因為不良情緒而引起的胃部肌肉疼痛。相信我們很多人都會在心情大好時胃口大開，而在情緒低落時沒有食慾，即便勉強進食，也會出現消化問題。

在世界著名的醫療機構梅奧診所（現稱妙佑醫療國際）中，有一位很特殊的病人——診所的一位醫生。他在診所中與他的病人們打交道時，胃部總是會毫無徵兆地痛起來，並且越是繁忙，胃部就越是疼痛。身為一名醫生，他深知自己的胃痛是什麼原因引起的。後來只要有空，他就會乘坐開往另外一座城市的火車，而且效果很明顯，離開診所所在的羅徹斯特市之後，他的胃痛就會奇蹟般地消失。對於這種現象，他解釋說：「因為我知道我已經離開了那座令我討厭的城市。」

第四，不良情緒不但能夠影響到胃部，同樣對胃部下面的結腸產生作用。有研究發現，情緒的變化在結腸上的反應是最為明顯的，情緒一旦陷入不良狀態，結腸就會打結。約翰・辛德勒認為，人的某些情緒每次都會以一種相同的方式在身體上表現出來。譬如，有的人在情緒極度低落時會出現肩膀部位肌肉收縮疼痛，那麼，這兩者就會形成對應關係，日後一旦情緒陷入低落狀態，肩部肌肉就會跟著疼痛起來。同樣的道理，結腸部位也是一樣，受到不良情緒的影響，結腸部位很可能會出現痙攣，並且這種痙攣也在不知不覺中反映著該種特定的情緒變化。

這裡有必要知道的是，假如這種疼痛的部位是在腹部上方右側結腸的話，那這種結腸痙攣性疼痛就和膽結石的某些症狀幾乎一致。日常生活中，也有很多人會誤以為自己患上了膽結石，實際上，如果膽囊一切正常，就可以斷定是情緒引起的。此時，為了緩解或清除疼痛，就要找到引起不良情緒的源頭，斬斷病源才是康復的根本方法。

此外,情緒性結腸痙攣還會發生在腹部右下方,這時候就是精神性闌尾炎。我們一直以為闌尾炎是因為闌尾出現了問題,最普遍的診治方法就是進行手術。可事實上,很多闌尾炎的病源並非闌尾,而是情緒。

當結腸痙攣發生在整段結腸上時,這就預示著情緒已經達到了最壞的程度,緩解和控制病情的根本辦法還是應該從情緒上下手。

其實,情緒總是會將身體上的某種疼痛放大至無限。紐約著名主治醫師利伯博士認為,有部分人對疼痛的感覺要比其他人更加敏感,這並非因為他們大驚小怪,而是他們確實能夠比其他人更加容易感覺到疼痛。比如,按壓一個人的莖突(位於耳垂下方頜骨後面),對疼痛敏感的人會大聲尖叫,而不敏感的人則沒有什麼強烈的感覺。對前者來說,假如他們的腸道出現比較正常的蠕動收縮,基本上都被視為一種生理疼痛。

生活中的疼痛其實無處不在,我們每天都要面對很多,但如果我們總是把注意力集中在這些疼痛上面,那麼,疼痛勢必會越來越嚴重;越是關注疼痛,疼痛就越會成為我們精神和想法的一部分。疼痛越是厲害,精神也會越緊張,如此循環,直到最後疼痛被放大,甚至真的就病了。這也是為什麼心情愉快時,哪怕手上被劃出一道大傷口都不會覺得怎麼樣,但心情不好、精神緊張時,就連一塊小小的擦傷都會疼痛難忍。

第五,情緒也是糖尿病的主謀之一。研究發現,人如果長期受不良情緒的影響,胰島素就會分泌不足,當這種情況成為常態,便會引發糖尿病。當然,一般的不良情緒是起不了什麼作用的,只有在該情緒的長時間反覆刺激下,才會出現誘發糖尿病的風險。

雖然並非所有人都會因為情緒不好而患上糖尿病,也並非所有的糖尿病患者都是因為情緒的原因,但事實上,糖尿病不是一種單一病因的疾

病，而是一種由多種因素綜合作用而形成的綜合症。除了情緒之外，還有遺傳、環境以及自身狀況等因素。專家認為，從人體胰島 β 細胞合成與分泌胰島素，到經過血液循環抵達體內的各個組織器官的靶細胞，再與特異受體結合，進而引發細胞內部物質代謝的效應，在這整個過程中，任何一個環節出現問題，都有可能引起糖尿病。

比如，愛生氣的人就很容易患上糖尿病。原因是人類的肝臟在遭遇外界精神刺激時，就會在疏洩功能方面出現異常。而飲食的消化必須結合脾的運化和肝臟的疏洩共同作用。一般正常的消化會使身體的各個臟腑組織都得到充分的營養，這樣才能維持人體正常的生理功能；但假如肝臟在氣憤的情緒刺激下出現功能異常，就會影響脾的運化功能，胰島素分泌不足，進而引起糖代謝紊亂，誘發糖尿病。

有研究指出，如果人們每天都保持著好心情，不因為一點點小事而生氣，在血液中便會產生一種有益於健康的化合物。如果一個人既愛生氣，又不容易消氣，此時嚴重的話就有生命危險。當然，我們也見過很多愛生氣的人同樣有著很棒的身體，唯一的解釋就是他們會及時、迅速地消氣。這樣的人生氣和消氣的過程其實正是排洩不良情緒的過程，他們生氣的時間尤其短暫，並且善於自我調節，情緒狀態基本上都保持在十分樂觀的最佳狀態。

病由心生已經不再只是一個成語，它還暗示了一個人的心理狀況和身體健康之間的關係。有研究指出，性格暴躁、易怒、愛生氣而又不會及時消氣的人，多患有高血壓、心臟病、糖尿病；性格內向、不善言辭、憂鬱的人多半都患有溼疹或癌症等疾病；而性情溫和，持有一顆平常心的人就不容易生病。

如果你剛巧是一個脾氣暴躁或者心理壓抑的人，那就要從今天開始慢慢改變這些性格上的劣勢，嘗試著去做一個平心靜氣、溫和的人。都說「江山易改，本性難移」，但你可以告訴自己：我並不是要改變性格，那確實很難改變，但我可以改變我自己的心態，心態澄明了，看事情的眼光變了，以前那些能夠輕易觸動我的憤怒神經的人或事，就不會再點燃我的怒火了；那些曾令我心情煩悶的人或事，也都不再重要了。

約翰・辛德勒還指出，擁有健康身心的前提和基礎是擁有一顆成熟的心。因為心理的成熟就意味著你不會再輕易地被情緒牽著鼻子走，能夠理智、有效地控制自我，也就獲得了身心的解放和自由。

壓力來自何處

先前看到一則新聞報導，一名男子身穿運動服在某大學內打球，等他下場後，會趁周圍人不注意，取走別人放在地上的錢包或手機等物品，後來被警察抓獲，並在他的家中找到數十部款式各異的手機以及幾個錢包，而錢包內的現金、提款卡、身分證等物品都原封不動地放著。一般情況下小偷偷完東西肯定會在第一時間找買家，將偷來的東西賣掉，但這個小偷卻將它們完好地保存著。問及原因時，他說了一句令警察跌破眼鏡的話——我壓力太大了！

因為壓力大偷東西？這種說法實在令人難以相信。但這個小偷強調，這都是實話。儘管這種說法是真是假難以判斷，但專家經研究發現，人在壓力大的情況下，確實會做出一些異常行為，尤其是面對誘惑時，往往會不由自主地選擇屈服。

壓力來自何處

有研究顯示，即便是一些輕微的壓力，人的大腦中負責自我控制的神經迴路都會變得非常敏感；一旦這個迴路在壓力的作用下陷入停頓狀態，那麼人們的原始衝動將不受控制。在人腦中，在緊貼著前額的背面，有一個被稱作前額葉皮質的部位，這是控制力的執行中樞所在的地方，具有抑制衝動的作用。

一般情況下，沒有壓力時，前額葉皮質將產生一些訊號，傳輸到大腦的深處，比如對日常飲食習慣加以控制的紋狀體、對飲食慾望以及性慾加以控制的下視丘、對情緒加以調節和控制的杏仁核等；並且，前額葉皮質還控制著腦幹對壓力的反應，比如產生去甲腎上腺素和多巴胺的神經元的活動，適量的去甲腎上腺素和多巴胺結合一些受體，並且多巴胺還會使與前額葉皮質之間的連線得以強化。

而在壓力產生的時候，人們最基本的自控能力就會下降，並且此時的情緒也會變得更加負面化。這是因為控制情緒的杏仁核受到壓力的作用，產生了過量的去甲腎上腺素和多巴胺，導致前額葉皮質功能失調。

近期，一項新的研究顯示，當巨大的或者不可控制的壓力降臨時，會引發一系列神經化學反應，削弱前額葉皮質的功能，加大進化相對比較緩慢的大腦區域的影響力。最新一項研究發現了壓力狀態下的人體生理活動狀況，即面對壓力，人們所產生的反應不但是因為一種原始的神經衝動影響了大腦中的某些部位，而且壓力的存在還會影響靈長類動物大腦中最發達的部位，使最高級的大腦功能受到嚴重削弱。換句話說，就是大腦把思維和情感的控制權轉移到了原始部位，進而引發一系列不受現代人理性控制的行為，比如暴飲暴食、酗酒、瘋狂購物等，在這種情況下，人們就是失控的。

第一章　提問環節─讓我們走進未知的心理世界

既然壓力會讓人的自控力下降，甚至消失，那麼，壓力又為什麼會引起欲望呢？科學家曾經做過這樣一個實驗，在實驗中，科學家要求實驗對象想像自己正在面臨巨大的壓力，比如有菸癮的人去看牙醫，結果抽菸的慾望異常強烈；讓喜歡暴飲暴食的人去做一個演講報告，結果他們對高脂肪、高糖分的食物表現出了強烈的渴望。這就像是一種自衛，當危險來臨時，我們會第一時間選擇自我保護，而在負面情緒降臨時，大腦也會想要保護自己，於是下令讓你去做一些可以為自己帶來快樂的事情，可以說，這是一種本能。

神經科學家已經證實，壓力應當包括憤怒、焦慮、悲傷、自我否定等負面的情緒，促使大腦出現尋求「肯定」的狀態，於是隨著壓力的不斷增大，這種尋求「肯定」的渴望就會越來越強烈。比如，一個改邪歸正後的扒手在與家人或朋友發生摩擦時，甚至只是回憶起這些，那麼，在他的大腦中就開始極度需要這種「肯定」，並確信只有這樣才是唯一能夠使自己快樂起來的方式。此時大腦還會釋放出壓力荷爾蒙，大大提高多巴胺神經元的興奮度，這種興奮意味著，在他面前所有的誘惑都比平時更加難以抵抗。

也有經濟學家對類似現象做了研究，發現那些原本就對自己的經濟能力感到擔憂的女性，往往會選擇透過瘋狂購物來排遣內心的焦慮和不安。為什麼會是購物？這不是加重了她們的經濟負擔嗎？焦慮情緒最終無法得到徹底緩解。但是大腦認為，這是使她們暫時獲得快樂的最佳途徑。

當一個正在減肥的人經過長期的努力依舊沒有明顯效果時，他們會感到挫敗和自卑，而這些人往往很難繼續堅持，而是再次回到以前的生活狀態，用暴飲暴食來撫慰自己的情緒；而一個患有拖延症的人面對遠遠落後的進度時，會感到極度焦慮不安，這種焦慮的情緒會促使他們繼續拖延，

而不是奮起直追。在無數個案例中，壓力總是會摧毀自控力。

可見，過度的壓力確實會嚴重損害存在於大腦之中的高級運行區域的特有功能。美國心理學家協會調查發現，緩解壓力最為常見的方法就是啟用大腦的「獎勵」系統，由此使大腦感受到被肯定的快樂，比如吃東西、抽菸、購物、打遊戲等。

耶魯大學教授做過一項動物實驗，結果表明，在緊張的狀態下，前額葉皮質中的神經元訊號發生改變，會快速切斷前額葉皮質的功能。而與此相反的是，大腦深處的區域會在這個時候發揮更為強大的控制力，多巴胺被傳送到大腦深處的一系列結構之中，並調節著人們的日常欲望、情緒以及運動反應等。這會讓我們在做某件事情時不至於出現意外，但同時也會讓我們對一些喜歡的事物上癮。

前額葉皮質透過一種錐形細胞組成的龐大的內部網路來發揮其功能，與之距離較遠的大腦區域相連線。由壓力引起的應激反應會促使前額葉皮質功能減弱，甚至關閉，也就是說，當大量的神經遞質或應激激素刺激到神經元時，會促使神經元之間的連線中斷，抑制神經元的活性。

我們的大腦高級功能被抑制時，原始的神經迴路就會在危險的時候及時站出來制止，或者讓危險中的人們快速逃走。這就好比人們在面對迎面飛速而來的轎車時，本能地躲到路邊一樣。但專家指出，假如人們長期處在這樣的狀態下，前額葉皮質的功能會逐漸減弱，嚴重影響人體機能。

現代社會，持續不斷的壓力對年輕人帶來超乎尋常的心理重壓，邏輯思維減弱，甚至喪失，當在工作中遇到困難，人際關係處理不好，文稿寫不出來，演講失敗，或在規定時間內無法完成工作任務時，情緒上的一系列負面效應就會接踵而至，鬱悶、緊張、憋屈、思維停頓、焦慮、抓狂，

第一章　提問環節─讓我們走進未知的心理世界

甚至抱頭痛哭、大聲尖叫等。

實際上，尋求心靈解脫和追求快樂原本就是一種很正常並且健康的生存機制，可是當得到這種快樂和解脫之後，人們還是會陷入無休止的惡性循環之中。美國心理學家協會在美國國內做了一項關於壓力的實驗，結果發現，那些被認為最常用的解壓方式恰巧是當事人覺得最沒有效果的。那些選擇在焦慮時吃東西的人，只有16%的人覺得有效；女性在感到憂鬱時吃巧克力，這也是她們用來解壓的重要途徑，但事實證明，她們在吃完巧克力之後產生的罪惡感更加強烈。

面對這種情況，科學家為了保持神經控制中心的平穩執行設計了一些方案，並提出在大腦從「思考型」向「反射型」退化的思維模式中尋找治療應激障礙的有效方法。有研究證明，那些服過兵役或接受過急救訓練的人，都在一定程度上擁有求生必需的反應，也就是說，這類訓練可以讓大腦深處的一系列神經結構（也叫做基底核）或其他的大腦結構學會求生的自發反應；動物實驗還表明，小動物們如果在小時候就能夠從容面對一般性壓力，那麼在今後的成長過程中往往就能處理好各類壓力；而在針對人類的研究中，發現孩子如果在壓力中不斷感到挫敗，那麼他們在長大之後對壓力就會特別的敏感，在負面情緒的干擾下就很難自拔；那些政治家如果在聽眾面前從容不迫，那麼當他們公開演講時就會很興奮，但其他人往往會感到惶恐不安，甚至腦袋一片空白。

科學家們分析出幾種治療手段，比如一種叫哌拉唑辛（Prazosin）的藥物，它本來用於治療高血壓，可以阻止去甲腎上腺素的負面影響，科學家正在對此進行測試，成功後或許能夠用來防治嗜酒後的強迫購物症。美國耶魯大學雪莉·麥基曾做了一項研究，發現胍法辛（Guanfacine）也可以在一定程度上抵制壓力帶來的反應。胍法辛是另外一種治療高血壓的藥物，

> 壓力來自何處

它可以使前額葉皮質神經網路的功能加強,幫助那些在壓力狀態下產生菸癮的人加強自控力。

面對壓力失去自控力的人有很多,也有不少人因為承受不了長期的巨大壓力而選擇結束生命。曾有調查顯示,醫生的自殺率超出常人 3.4 倍,其中女醫生的自殺率高達 5.7 倍;12% 的醫生患過憂鬱症,在眾多護理師中,67% 經常感覺心情不好,58% 會有挫敗感,49% 有焦慮情緒。

我們如何才能成功控制自己的情緒,不受負面情緒的擺布呢?科學家指出,或許應該了解一下大腦在壓力狀態下的反應模式,這有助於加強自我控制感。美國心理學家發現,有效的解壓方式有很多,比如進行體育訓練、閱讀、娛樂、外出散步、與家人一起聚會、按摩、冥想、瑜伽、祈禱或參加宗教活動等;而最沒有效果並會帶來惡性循環的解壓方式是抽菸、酗酒、購物、賭博、上網打遊戲、暴飲暴食。

專家解釋說,有效與無效的解壓方式中,最大的區別在於,增加大腦中改善情緒的化學物質,譬如血清素、γ-氨基丁酸等,這些都是能夠使人感到情緒良好的催產素,並讓大腦不再對壓力產生反應,減少人體內的壓力荷爾蒙;而釋放多巴胺常常使人興奮,給人造成錯覺,以為這種興奮正是人們所追求的快樂。

所以,在面臨壓力的時候,最好的辦法還是提醒自己究竟什麼才會讓自己長久快樂,而並非短暫的興奮。

當然,面對壓力時,也並非所有人都會被欲望控制,在高速發展的現代社會中,面對工作、生活壓力,也有人懂得巧妙地調節自己,並且依舊活得輕鬆快樂。科學家對這種現象也進行了研究,發現這不僅受性格的影響,且與遺傳因素脫不了關係。

第一章 提問環節—讓我們走進未知的心理世界

　　研究發現，遺傳因素或曾經的巨大壓力都會使人變得更加脆弱。正常情況下，當前額葉皮質掌管高級認知功能的神經迴路被多巴胺與去甲腎上腺素「關閉」時，人體中的酶會將其分解，並使這種關閉狀態不會持續很長時間；但科學家發現一種基因突變會削弱這種酶的分解能力，那麼，攜帶這種突變基因的人便會受到負面情緒的影響，嚴重時還會罹患心理疾病。此外，類似於鉛中毒這種環境因素也會使人變得比平時脆弱。

　　美國西奈山伊坎醫學院的約翰·莫里森及其同事們透過實驗研究發現，壓力會影響前額葉皮質的功能，而一旦壓力消失，所有功能還可以恢復正常。但如果壓力過大或長期持續，那麼前額葉皮質的恢復能力就會下降，直至消失。

　　也就是說，當前額葉皮質遭受長期巨大的刺激，就會萎縮，人們也就失去了自控能力。研究還發現，性別其實也是一個非常重要的因素，因為它決定著面對壓力的應對能力。專家解釋，女性在壓力面前會表現出比男性更高的敏感性，這很有可能是受到了她們體內的雌激素的影響。

內向是性格缺陷嗎

　　一直以來，性格內向的人都不大受歡迎，那些不了解內向者的人，總是認為他們不友好，難以接觸，不合群，交際能力欠缺，沉默寡言，不適合現代城市生活，更適宜過隱居生活；有些人甚至認為，內向是性格缺陷，內向的人大多都有心理問題等等。事實上，內向者有著人們所不知道的潛能和優勢，那並不是性格缺陷，而是上天賦予的一項特殊才能。他們安靜，喜歡沉思，與那些健談、喜歡大聲說話、喜歡熱鬧的外向者比起

來,確實是不容易被注意到的個體。

有研究發現,世界上有57%的人是內向者,此外,也有部分持不同意見的研究,認為世界上的內向者有25%或50%。雖然資料答案不一致,但至少我們確信,世界上絕不僅僅只有你一個人是內向者;即便內向者並不一定都是具有天賦的人,但至少我們知道,在那些天賦超凡的人中,絕大多數都是內向者。

內向與害羞其實是兩回事。害羞的意思是尷尬和不舒適,在有人的場合不適應,而內向就不會有這樣的感覺,在人多的地方依舊感覺很舒適,只是他們一般都選擇沉默和傾聽而已。內向和外向也有區別,內向的人在獨自一人時會感覺精力充沛,而在人多時卻感到疲憊;而外向的人在人多時反而異常活躍,但在獨自一人時會感覺疲憊和無聊。

所以,那些偉大的發明家、著名的藝術家、思想家,包括作家,多數都是內向者,因為他們可以在獨處時擁有動力和精力,思想活躍,在自己的思想領域中探索新事物,發現新世界,而不是如外向者般感覺無聊和頹廢。當然,很多內向者也從事著那些需要與眾多對象打交道的工作,比如大眾傳播工作、汽車業務等,這也證實了內向者的交際能力並非如很多人想像的那麼差。

在《內向心理學》(*The Introvert Advantage*)一書中,作者瑪蒂・蘭妮(Marti Olsen Laney)博士指出,內向者一般很享受獨處的時光,對交情較深的朋友不失關懷,不拒絕參加一些活動,在活動上即便表現活躍,也不失淡定和沉靜,三思再言,是一名很不錯的傾聽者。而他們在回家後會感到筋疲力盡,但不久後又會恢復精力,享受一個人的獨處時光。而外向者就比較喜歡在公共場合成為大眾關注的焦點,喜歡結識新朋友,善於閒

第一章 提問環節─讓我們走進未知的心理世界

聊,說話做事前基本不會思考。

該書中重點闡述了內向者的某些優勢,她認為,內向者獨立、自省、責任感強、具有創造力、靈活聰明、做事容易集中精力並願意吃苦,與內向者交朋友,友誼更深也更持久,與之共事時關係融洽。

可見,內向者擁有外向者無法比擬的優勢,內向並不是性格缺陷,他們與外向者的最鮮明的區別就是動力源於自己,而外向者的動力源自外界。如果你是一名內向者,你應該為自己的天賦而感到開心和欣慰,並積極發揮這方面的優勢。這樣的話,你的朋友不會比外向者少,甚至可以擁有多個知己,這是外向者很難做到的。

如果你是個外向者,那也沒關係,因為很多內向者還是很羨慕你的,並且你的潛能也是一座寶庫,值得繼續開發,而且你會活得很自在、很輕鬆。試想,如果這個世界上的人都是內向者,那世界也未免太靜謐了,而只有外向的你才能造成這種平衡的協調作用。

第二章　情緒自治
──做優秀的情緒管理者

　　情緒是一種很善變的東西，很多人在不知不覺中深受困擾。情緒如果起伏過大，也會引發心理疾病，帶來不可預估的身心健康損傷。因此，想要做自己的心理師，首先要成為一位優秀的情緒管理者。憤怒時最好的發洩方式是什麼？如何避免生活和工作中的情緒化？當別人對你進行情感滲入和語言暴力，你該如何避免受其影響？這是本章將要重點講述的內容，助你成為自己情緒的管理者。

第二章　情緒自治—做優秀的情緒管理者

終結情緒化

▶ 你是情緒化的人嗎？

情緒化其實是指一個人因為過分敏感，而在某些微不足道的小事上傷神，從而引起比較大的情緒波動，也是一個人在失去理性的狀態下所產生的某些行為。我們知道，情緒對一個人的事業、生活以及自身健康都有十分重要的影響，一些不正常的情緒變化還可能會引發一系列疾病，而情緒化的人往往是情緒在某種程度上的不成熟而導致的情緒不穩定現象。

心理學家認為，情緒不穩定是由於個體心理素養較差引起的。這類人不但會因此對自己的心理造成一定傷害，還會對工作和生活，乃至人際關係帶來極大的負面影響，比如人們常說的感情用事，其實就是情緒化的情感衝動，甚至做出一些缺乏理智的行為，即便沒有出現十分嚴重的惡果，但已經傷害了別人的感情，也為自己留下了隱患。

研究認為，總是習慣感情用事的人在為人處世方面是非常情緒化的，帶有比較強烈的感情色彩，缺乏對現實的衡量。一時之間的強烈刺激導致衝動的行為，也是一種對他人持有偏見、缺乏實事求是的誠意，一遇到抵抗就開始表現出極端的行為表現。這類人在性格上傾向於情緒型，一言一行都要受情緒的牽引和控制，在情緒衝動的瞬間，可能失去理智，做出一些害人害己的事，交往中斷或友情破裂，甚至造成財物損失等。即便事後冷靜下來也會後悔，覺得自己不該衝動，但他們因為愛面子，所以不願服軟示弱。而從自身內心角度看，他們時常會處在矛盾與掙扎之中。缺乏商業頭腦是他們的弱勢，所以在商業往來上很容易成為他人利用的對象；做決策時也不夠理性，很容易錯失良機。

其實，在現實生活中，情緒化的現象已經很普遍了，人人都有情緒不好的時候，那怎麼判斷自己是否有情緒化的表現呢？心理學家認為，一般情緒化在行為方面有以下幾大特徵：

一是缺乏理智性。情緒化的人一般都有一個很重要的共同點，即「跟著感覺走」，並且是「被情緒牽著鼻子走」，這種缺乏獨立思考、沒有理智的行為，是不夠成熟的。理智是人類區別於其他動物的一大關鍵特徵，人的行為應該是有計畫性、目的性和有意識性的外部活動。

二是行為的衝動性。情緒化不僅在情緒上的波動較大，並且意志力薄弱，很容易衝動，如同一隻氣球被尖物碰到就會立即爆炸一般，該行為帶來的後果也具有一定的破壞性。

三是行為的不穩定性。每個人都有自己的性格和行為模式，通常情況下是比較穩定的，但情緒化的人在行為表現上就具有多變性，不穩定，喜怒哀樂變化無常。

四是行為的攻擊性。情緒化的人都不能忍受挫折以及由此而產生的憤怒情緒，進而向對方發起攻擊，只不過這種攻擊不一定是人身攻擊，也可能是語言或表情等方面的攻擊，比如嘲諷、擺臉色等。

五是行為的情境性。情緒化的人經常會受到生活中某些與自己切身利益相關的刺激的左右，一旦有滿足了自己需求的刺激出現，便會十分高興，反之便會異常不快，甚至是憤怒。假如有人故意設定一些情境擺在這類人面前，那他們多半會被操控，甚至上當受騙。

第二章　情緒自治─做優秀的情緒管理者

▶ 擺脫情緒化的小技巧

相傳有個叫愛地巴的年輕人，雖然他不會經常發脾氣，但卻總是對別人的某些言行感到不滿、氣憤，情緒激動時還會與人發生爭執。後來，每次只要發生類似的情況，他都會掉頭跑回家去，然後在自己家的屋子、田地周圍跑上三圈。等跑完之後，心中就會一片平靜。就這樣，每次只要情緒有所波動和起伏，他就用這種方法使自己平靜下來，恢復之前的平常心。

在往後的日子裡，隨著愛地巴家的房子越來越大，田地的範圍也越來越廣，每次繞圈跑都會累得愛地巴氣喘吁吁，但是他從來都沒有放棄過這個習慣。後來，愛地巴老了，當某天他實在忍受不了爭吵時，便拄著枴杖繞著房屋和田地慢慢地走三圈，走完天已經黑了，而他的心情也好了許多。

愛地巴有個可愛的孫子，他見爺爺這麼大年紀還這樣，便奇怪地問：「爺爺，為什麼你心情一不好就要繞著我們家的房子走？有什麼祕密嗎？」愛地巴爬滿皺紋的臉上露出了笑容，他說：「當我年輕的時候，只要一和別人生氣，就會繞著房屋和田地跑上三圈，一邊跑一邊在心裡想『我的房子這麼小，土地這麼少，哪有閒工夫與別人生氣呢？還不如將時間用在有實際意義的事情上』。於是，我就努力地工作。當我漸漸老了的時候，房子也慢慢大了起來，土地也變多了，這個時候如果生氣，我還是會繞它們走三圈，一邊走一邊在心裡想『我的房子這麼大，土地這麼多，幹嘛還要和別人生氣呢？』於是，也就不再生氣了。」

愛地巴就這樣在自己的房子和土地前成功地將「生氣」轉化成了「不生氣」，完成了他情緒上的心理調適。

雖然這只是一則傳說，但卻給了我們一個啟示，那就是我們要用適合自己的方式，消除心情的波動，避免情緒上的大起大落。

終結情緒化

下面是心理學家給現代人的建議，幫助大家在情緒低落時有效克服和終結負面情緒的影響：

1. 經常為自己的情緒充電。如果你時常感到精疲力竭，開心不起來，不妨想想自己是不是都在努力地迎合他人，把你自己的某些正能量都傳送給了別人，自己卻因為「電量不足」而失去精神和開心的力氣？如果是這樣，不妨偶爾「自私」一下，允許自己躲在一個只屬於自己的角落中，好好「犒賞」自己一番，為「電量不足的電池」充充電。只有累積了一定的能量之後，你才能再次傳遞體內的正能量。

2. 學會說「不」。如果你發現自己的情緒往往是源自對他人的不滿，卻又不願意直接表達出來，那就要學著拒絕了，樂於助人是好事，但也要在幫忙之前稍微衡量一下「你是否有足夠的精力去幫助別人」、「對方是否真的非常需要你的幫助」、「這件事會不會給你的情緒造成較大影響」等。因為現實中的確有一些人不是自己不行，而是因為他們比較懶散。

3. 每天堅持寫日記。一天下來，如果你被周圍的事情搞得鬱悶，不妨試著寫寫日記，把這一天中你所承受的所有不屬於你自己的大事小事都寫下來，包括是誰的事情、什麼事情、你做了之後是否覺得開心、對你是否有益處等。雖然這麼做有點麻煩，但可以幫助你尋找自己情緒化的根源、正能量的去向。

4. 各個擊破問題。很多時候我們煩悶或者情緒低落，其實都是因為對自己過去所做的事情懷有不滿，尤其是女性。身為女性，心思細膩是與生俱來的，在處理問題時經常不夠徹底，導致遺留的問題重重累積，憤怒、怨恨、悲傷等負面情緒也是越積越多。當眼前再出現一些比較麻煩的問題時，說不定便會將以往的所有情緒一次性釋放，這樣就有點可怕了。所

第二章　情緒自治—做優秀的情緒管理者

以，與其這樣，還不如果斷一點，平時在解決問題時要徹底，各個擊破，不給自己留下「後遺症」，才是明智之舉。

5. 就事論事，快刀斬亂麻。嘗試著在做事時集中注意力，不瞻前顧後，或者在爭吵時只就眼前之事做討論，不去翻舊帳，不要胡思亂想，就事論事的好處是較少對情緒產生更大的刺激來源，有助於當事人更快地恢復平靜。有的時候該說的還是要說，不要憋在心中累積負面情緒。如果某件事確實令你頭痛，越想越想不通，不如暫時放下，或者快速給自己一個決定，並告訴自己說不後悔，然後就去做自己喜歡的事情吧。

6. 不要擔心和害怕。如果你總是擔心被拒絕、被超越，害怕不完美，害怕表現出真實的自己，害怕真實的內心被別人洞察……久而久之，你會變得負擔重重，缺乏感知力和行動力，任何人的一句話、一個舉動都會令你陷入情緒的谷底。所以，不要再害怕了，順從自己的內心，不要讓別人控制你的情緒。

▶ 終結職場情緒化

情緒化會對工作效果帶來很大的影響，但是心理學家發現，職場上的情緒化並非一無是處，因為它們會警示人們在工作上出現的問題。

第一，當你感到厭倦時，那是因為對手上的工作沒有足夠的興趣。在工作中，很多人都有類似的經歷，當你感到厭倦時，應當意識到這是因為目前的工作中有著自己不感興趣的成分。厭倦在生理上的表現是感覺遲鈍、注意力不集中、動作不協調、反應速度變慢等。

緩解或去除厭倦情緒的方法是：將不感興趣的部分分成幾個小目標，逐個完成，這樣就能夠在每個小目標完成時獲得成就感，進而提升興趣；

還可以將自己感興趣的部分與不感興趣的部分穿插進行，這樣也可以緩解厭倦情緒，提升工作效率。

第二，當你開始焦慮時，是因為對自己缺乏自信。當焦慮感產生時，在生理上會表現為腎上腺素升高，內心害怕、不安，容易激動、發怒，對自己感到不滿意。引發這類焦慮情緒的因素很多，比如工作不順利、人際關係不好等，但這並不是你的錯，沒必要過分焦慮和擔憂。此時要理智地意識到自己的焦慮情緒及其根本來源——現有的能力水準還達不到這份工作的要求，再進行下一步的自我調節。

緩解這類焦慮比較好的方法是：嘗試與他人進行合作，對於能力不及的部分，或許對方可以幫到你；還可以努力去尋找能力的缺口，然後盡力彌補，為下次的挑戰做好充分準備。

第三，當你失落時，也許是因為當前的工作令你找不到價值感。工作無疑是占據我們時間最多的一個「工程」，有的人在工作中獲得存在感，找到自信。當然，失落的情緒其實是每個人都不可避免的。比如，當工作占據了一個人本該屬於自己的個人時間時，工作與生活便會出現失衡的狀況，容易使人產生空虛的感覺，好像人生缺了一大塊，這便是失落的情緒。人們會覺得空虛，沒有價值感。不過，工作本身也會令一個人產生失落情緒，這個時候就要考慮這份工作是否對自己有意義了。

緩解這種失落情緒的辦法是：做一些自認為有意義的事情，每天堅持去做；如果是因為工作，不妨試著詢問自己：「我在這份工作中得到了什麼？是金錢還是成就感？是挑戰還是成熟的心智？」幫助自己挖掘出新的意義，然後用積極的心態去關注那些對自己有意義的部分。如果實在不行，就換一份自己喜歡的、自認為有意義的工作。

此外，專家還提出了一些緩解工作上的負面情緒、調節和放鬆心情的建議：

1. 多和同事們相處。不管是去吃飯，還是在某個地方遇見，都要主動和同事問好，嘗試多參加一些同事聚會，不要讓自己被孤立起來。

2. 學會和不喜歡你的老闆相處。如果你發現老闆對你有意見，不喜歡你，那你只好接受並且最好不要感情用事，因為你是在工作，是想成就自己的事業，所以，不必在這上面投入過多的私人感情。相信只要你的業績夠好，能夠好好地完成老闆想要你做的事情，他會對你刮目相看。

3. 早點出門上班，留給自己充裕的時間。不要總是匆匆忙忙地離開家，到達公司險些遲到，此時你一定會感到有壓力。與其如此，不如早點出門，留出充裕的時間，準備開始一天的工作。這樣不僅心態輕鬆，一整天的心情也不會差。

4. 積極化解工作壓力。當工作給你壓力時，不妨找些放鬆的小方法給自己減壓，比如在車上聽聽舒緩的音樂，或者進行一些戶外運動來釋放壓力，回到家後也可以看點娛樂節目，盡量不要把工作上的情緒帶回家中，多和家人或朋友交流、談心。

5. 養成健康的工作、生活習慣，保持樂觀、積極的心態。

▶ 終結生活情緒化

某家公司的董事長在會議上向員工們允諾，為了重整公司業務，他以後會每天早到晚退，希望大家也都開始積極起來。但話說出口沒多久，有一天早上這位董事長因為看早報忘記了時間，眼看就要遲到了。為了盡快趕到，他駕車時超速了，被警察發現後開了罰單，最後還是晚了。結果

到了公司後，為了轉移員工們的注意力，也想發洩心中的怒火，這位董事長想起了昨晚看過的檔案，就將業務部經理叫到了辦公室，對該部門的業績表示嚴重不滿，並把這位經理狠狠地訓斥了一頓。原本就沒有什麼錯的經理被這樣劈頭蓋臉地痛批，心中自然憤憤不平，但又不敢當面和董事長翻臉。

晚上回到家，這位挨罵的經理還是一肚子火，一個人一聲不吭地坐在飯桌旁。吃飯的時候，妻子見丈夫一臉不開心，便特意夾菜給他，沒想到丈夫非但不領情，還說道：「我自己沒長手啊？夾什麼菜，這菜做得越來越不像樣了！」妻子見狀笑容立刻僵住了。坐在旁邊的兒子看在眼裡，想幫媽媽解圍，便撒嬌似的對媽媽說：「媽，幫我夾，我要吃那個。」一邊說著，一邊將筷子指向離自己並不遠的菜豆。不料妻子回頭就罵了兒子一句：「自己沒長手啊？要吃自己夾！」而這個時候，窩在兒子腳下的小貓似乎受到驚嚇，便朝小主人叫了一聲，不想竟被小主人狠狠踢了一腳，小貓夾著尾巴就跑出去了。衝出門的小貓剛好迎面遇到馬路上的一輛轎車，司機看見小貓，想調轉方向避開，但沒想到竟然撞到了路邊的孩子。

一般來說，人的情緒是很容易受到環境及一些偶然因素影響的，當一個人的情緒變壞，潛意識裡就會選擇身邊比自己弱的人發洩，甚至是發起更加嚴重的攻擊，這樣就形成了一條壞情緒的傳播鏈，最終受害的是作為弱者的「貓」。心理學家將這種現象稱為「踢貓效應」。

美國洛杉磯的一位心理學家加利・斯梅爾曾經做過這樣一個實驗。他讓自己的兩個性格完全相反的朋友在一起聊天，一個樂觀開朗，生性活潑；另一個多愁善感，常常為了一點小事就鬱鬱寡歡，百般糾結。一個小時後，當加利・斯梅爾加入他們的談話的時候，竟然發現，那個樂觀開朗的朋友已經開始唉聲嘆氣起來了。由此可見，壞情緒的傳遞就像是一根永

第二章 情緒自治—做優秀的情緒管理者

無休止的鏈條，如果我們一遇上什麼不開心的事情，就不加選擇地向自己的家人和朋友發洩，不僅會將不好的情緒傳遞出去，給他們帶來困擾與傷害，還會嚴重影響到彼此關係的和睦。

可見，壞情緒比好情緒更加容易傳遞。生活中不良的、消極的情緒，總是具有某種感染力，一個人情緒不好，周圍的人也會受到影響。所以，千萬別做壞情緒的傳遞者，要做就做壞情緒的終結者，控制好自己的情緒，真誠、友善地對待你身邊的人，你周圍的人眉開眼笑了，你也會在不知不覺中受到感染。

憤怒向誰宣洩

▶ 你了解憤怒嗎？

相傳在非洲原始草原上，有一種體形很小的飛行動物，專門靠吸取其他動物身上的鮮血為生，人稱吸血蝙蝠。在整個大草原上，吸血蝙蝠是野馬最大的天敵。每天都會有無數野馬在吸血蝙蝠的襲擊下喪生，這些在體形上占優勢的野馬之所以會被這些小小的蝙蝠制服，最大的原因並不是蝙蝠吸走了野馬身上的血液，因為那麼一點鮮血對野馬來說根本就是微不足道的。那麼，究竟是什麼原因促使野馬喪生呢？

後來，經過專家研究發現，蝙蝠在襲擊野馬的時候，首先是附在野馬的大腿上，並用它們鋒利的牙齒迅速咬穿野馬的皮膚，接著就用尖尖的嘴巴緩緩地吸取血液。而在這個過程中，因為野馬敏銳的感知力，在一開始就發現了吸血蝙蝠的襲擊，於是牠們出於對外界攻擊最本能的反抗意識，

憤怒向誰宣洩

便瘋狂地甩尾、蹦跳,甚至狂奔,但是這些動作是無法將蝙蝠擺脫掉的,牠們會迅速地更換吸附的位置,從野馬的大腿上到身上,到頭部,一直到牠們吸飽想要離開了,才會飛走,野馬的任何動作對擺脫蝙蝠來說都是徒勞。然而就是這些憤怒的動作使它們筋疲力盡,最終葬送了自己的性命。

這些野馬被外界小小的刺激激怒,在發洩了情緒的同時也失去了生命。心理學家將這一現象稱為「野馬結局」。而在現實生活中,不是也有很多這樣的「野馬」嗎?一些小事總是能夠觸動他們憤怒的神經,使他們立刻暴怒。日常生活瑣事煩瑣而複雜,如果一個人動不動就大發脾氣,長此以往,對人的心理和生理都有極為嚴重的危害。

美國心理學家雅克・希拉爾(Jacques Rillaer)認為,憤怒是內心不愉快的一種反應,因感到不公或無法接受的挫折而產生,是壞情緒的紅色警報,會警示我們,有人對我們使壞或者我們內心的願望沒有得到滿足。其實,不如意、不順心就像是吸血蝙蝠的襲擊,你反應越是強烈,對自己的危害就越大。而不管是瞬間爆發,還是一味壓制,憤怒情緒的危害總是不可避免的。為了防止自己也掉進「野馬結局」的泥淖,就要學會正確認識憤怒,在憤怒情緒即將來臨時,用不傷及健康的方式加以排解。

研究發現,無論是男人還是女人,都有憤怒的情緒,並且男人表達憤怒的次數也未必會多於女人。但不同的是,男人多半用攻擊性較強的方式表達憤怒,而女人則善於用口頭的形式表達。因此,表現在戀人之間,爭吵時女人的態度就較為激烈,甚至會比男人更傾向於語言上的暴力。

此外,男性和女性憤怒的動機也完全不同,男性往往是因為自己的權利和自由受到威脅,如想做的事情被禁止或限制,這時便會怒不可遏;而女性通常是因為他人的行為不符合自己的標準和意願,比如感覺到自己被另一半忽視,或者遭到拒絕、產生妒忌時,憤怒就會油然而生。也就是

說，女性的憤怒情緒是因為別人的言行舉止與自己期待的有差距，她們想改變，但又無能為力，找不到出路時就會發怒。

心理師多麗絲‧赫爾明發現，女性發怒多數都是在家裡，另一半的不守時或孩子的邋遢都會使其暴跳如雷，而一旦走進辦公室，進入工作場合，她們就會立刻變得順從，甚至甘願忍受上司的批評和無理要求。

在憤怒的爆發形式方面，社會規範對男女的限制似乎也有著某些偏見。比如，男性表現出攻擊性的憤怒通常是被認可的，不管是男孩子還是成年男子，拉高嗓門大聲怒斥或者大打出手，往往被視為男子漢氣概的展現，而女性如果如此表達憤怒情緒，便會被視為潑婦。

憤怒情緒有損人類身體健康，既然暴跳如雷的發洩方式並不可取，那麼，憤怒情緒是不是越壓制就越好呢？

著名心理學家保羅‧奧斯特（Paul Auster）認為，人們一直都有認知上的偏誤，以為不能任由怒火釀製苦果，那樣既害人又害己。於是，很多人從小就被長輩教育不要亂發脾氣，但那些被壓制下去的怒火並不見得會消失，反而會反過來攻擊當事人自身。當不滿的情緒轉化為一種狂躁時，神經便會飽受煎熬，甚至還會變得更加敏感和易怒，久而久之，身體就會被疾病包圍。可見，壓抑憤怒並不能真正做到「不害己」，反而還會增加自身無能的痛苦，最後只能由身體的病痛去慢慢消解那些壞情緒。

不過，憤怒也並不總是壞情緒。心理學家詹尼弗‧萊納表示，在人感到害怕的情況下，憤怒就是一種比較合適的情緒。有一項基於面部表情觀察的心理研究證明，只要不是過分激動的情緒，憤怒對人的身心健康反而是有好處的。所以，當人們出現緊張情緒時，用短暫的憤怒做出回應的人會體會到一種控制與樂觀的感覺。如果當事人的反應是恐懼，就無法體會

到這樣的感覺,因為恐懼對健康是不利的。可見,短暫的憤怒情緒並不完全是壞事,但如果憤怒情緒持續呈爆發性發洩,或者是對外界採用憤怒的敵對態度,對健康就不利了。

生活中,很多人都不願表達自己的憤怒,更不願承受別人的憤怒,但實際上,壓抑憤怒要在一定的限度之內,因為一味隱忍可能會造成更為強烈的爆發,甚至直接導致身心健康受損;而發洩憤怒也要講究方式,方式對了,發洩就是最好的化解憤怒的途徑,其關鍵是要找到一個平衡點。

▶ 憤怒了就要發怒

「野馬結局」警示我們暴怒的危害,但這並不意味著憤怒就不能發洩。心理學家認為,只要方法對了,有憤怒就要發怒。下面是保羅・奧斯特給出的關於發怒的建議,他認為發怒可分為以下三步,簡稱「三部曲」。

第一步:分散注意力。憤怒有時候來得很突然,可能就是那麼一瞬間便湧上心頭,所以,當你感到憤怒襲來時,用犀利的言辭回擊只會令憤怒情緒加劇,局面變得更加糟糕。因此,這個時候最好是保持冷靜,可以嘗試用轉移注意力的方式,比如在心裡默默數數,或者在一個沒有人的地方大喊幾聲,或者用力摔打枕頭、玩偶等,或者撕本子、撕紙等,也可以找家中不吃的水果(最好是橘子),然後用力緊捏,諸如此類的方式既能夠轉移注意力,也幫助發洩了憤怒情緒。

第二步:理清思緒。你應該意識到,有的時候僅僅只是一些雞毛蒜皮的小事,卻成功地將你激怒了,令你氣急敗壞地亂發脾氣。順利做好了第一步之後,代表現在的你算是恢復了些許理智。那麼,此刻就好好想想吧,試著回答下面這些問題:究竟是什麼使你一下子就變得怒不可遏了

呢?對方是不是有意的?會不會是你過於敏感了呢?你確定對方一定就是故意的嗎?即便真的如此,那情況是否真到了令人暴跳如雷的地步了呢?是否有其他的方式解決問題?不發怒是否就不能解決問題?發怒的目的是什麼?

這些問題在憤怒的當時根本無法得到準確回答,而大多數人在恢復平靜之後都能意識到,有時候對方並非完全有意,事情也沒有如此嚴重,發怒解決不了問題,只能讓情勢加劇。更重要的是,發怒的最終目的都是希望與對方溝通,讓對方更了解自己並達到解決問題的目的。既然如此,接著就進入第三步吧。

第三步:陳述不滿。這一步主要是用來表達感受、陳述不滿,你需要真誠,但也不要違背原則。心理學家湯瑪斯‧高登(Thomas Gordon)認為,說出自己的真實感受,但首先不要急於站在對方的立場上。也就是說,你要表達清楚對方的哪些行為令你感到內心不舒服和不滿了,並陳述你當時的感受,也很有必要向對方表達一下你的期望及其原因。

這套「三部曲」是幫助有憤怒情緒的人更好地發怒,但這個過程又是一個尋找彼此之間的平衡點的過程。所以,要給對方說話的機會,要知道他也有陳述自身感受的權利。當然,你的原則還是不能降低,因為只有這樣才能達到最佳的目標,徹底修復雙方之間的關係,並且雙方都保持完整性。

需要注意的是,所謂發怒並不只是發洩出你內心的一口「惡氣」,更重要的是重建自己與自己、自己與對方之間的關係。因而,更多的時候,允許自己發一次不大不小的脾氣,也有助於修復雙方之間的和諧關係。

憤怒向誰宣洩

▶ 憤怒情緒的分類及其管理方法

以下是心理學家對憤怒類別的劃分，有助於人們及時發現憤怒的跡象，並有效消解憤怒的不良影響：

第一種是爆發型憤怒。爆發型憤怒並不是那種一觸即發的憤怒情緒，而是積壓已久的情緒一次性爆發。心理學家發現，越是忽略憤怒情緒並不懂得如何有效處理的人，越是習慣於壓抑怒氣，直到忍無可忍的時候才一次爆發出來。爆發型憤怒的人經常會做出或說出一些令讓己後悔的事情或話語，以至於無法彌補，因為人在憤怒的時候通常都是沒有同情心的。

心理學家認為，憤怒情緒持續的時間不會超過12秒鐘，所以，憤怒襲來時可以數到12，等待這段時間過去。最後你會發現，自己已經沒有最初時那麼氣憤了。這個方式其實也就是我們前面提到的「三部曲」，你可以嘗試按照以上方式進行練習。

第二種是隱忍型憤怒。這類憤怒者總是冠上「我沒事」的幌子，擺出一張微笑的臉，但內心卻有熊熊燃燒的怒火在亂竄，無處釋放，而外人絲毫覺察不出來。這種不向外界發洩怒氣而選擇忍耐的做法，最終受害的人其實還是當事人自己。正如我們前文所說，怒氣會反過來對自己的身心加以攻擊，造成身體和心理上的各種不適，甚至是疾病。所以，隱忍型憤怒者有必要改變這類習慣。

心理學家建議，這類人要做好挑戰自己的核心信仰的心理準備，比如，如果你明明對下屬遲到早退的行為感到憤怒，就要適當表現出來，即便沒有十分明顯的表現，也可以發出恰到好處的警示；或者另一半要求你每次出門前都要向他報告具體且詳細的行蹤，假如你對此感到不滿，那你一定要說「不」。

第二章　情緒自治—做優秀的情緒管理者

　　試著把自己置於局外。想象一下某些事情並非是你在承受，而是你的某個朋友，他總是忍受著長期的冷眼以對，總有那麼一些人用指責的口吻和他說話，或者被上司要求無休止地加班等等，那麼，他會是什麼樣的反應呢？然後把這些反應寫在一張紙上。最後，看著這張紙問問自己，為什麼別人會做出這些反應，而你卻不能呢？有沒有可能自己也嘗試做出以上反應？

　　適當做出積極的回應。如果你被批評或被指責了，試著用一些積極的、富有建設性的言語加以回應，以示反擊，這個辦法在朋友、親人中間比較適用，因為你隱忍的憤怒往往會在無形中傷害他們，而積極的回應方式就不會。

　　第三種是嘲諷型憤怒。如果一個人在以往的生活經驗中得出結論，認為直接表達內心的一些負面情緒並不好，間接和隱晦的方式則比較安全，並且對方如果生氣，那也是他們自己的問題，與自己毫無關係，因為自己只是在說玩笑話。那麼，這個人在表達不滿和憤怒時，就會採用嘲諷的形式。

　　譬如，同伴遲到了，你對同伴說：「你遲到得真好，我剛好有了歇腳休息的機會，半個小時！」這是一種拐彎抹角的表達不滿和憤怒的方式。言辭中似乎並不帶任何攻擊和嘲諷的字眼，假如對方是個不拘小節、幽默大方的人，他會一笑而過，當你是在開玩笑；但如果被你嘲諷的對象並不懂得你的幽默，或者比較敏感，就會從中感受到那份比直接的指責更具有殺傷力的攻擊性，結果不但傷害了對方，還傷害了你們之間的關係。

　　所以，嘲諷型的憤怒最好不要用。

　　那麼，怎樣化解嘲諷型的憤怒呢？

直接表達。有不滿可以直接表達出來,如「我對你的遲到有點意見」或者「這次你又遲到了」等,比起那種被動的攻擊性的溝通,直接表達的攻擊性要小很多。因為嘲諷型的憤怒更容易傷害自己親近的人,所以,最好視情況而定,用適當的詞語直接表達內心的不滿,效果也許會更好。

提前發洩。還是以上的情景,當你等待的人遲到了,為了避免當面進行嘲諷式的發洩,你可以在對方到來之前就進行發洩憤怒的練習。

表達清晰。如果孩子令你生氣了,最好用簡單的話語做清晰的提醒,避免使用帶有諷刺性的嘲諷話語。

第四種是自責型憤怒。假如一個人的自尊曾經受到過嚴重傷害,並且發現對自己發怒比對他人發怒更容易,所以就習慣於做出自責式的憤怒,把自己視為所有過錯的根源。比如,當他們發現自己的孩子不愛讀書,甚至還與其他同學打架時,他們會認為自己是非常不合格的父親或母親,一味自責,將孩子的過錯通通歸咎於自己的教育不當。這種自責型的憤怒持續久了,憤怒會潛藏在當事人的內心深處,久而久之,會造成各式各樣的心理問題,比如煩悶、失望、憂鬱等。所以,自責型憤怒同樣不可取。

處理自責型憤怒的方法有以下幾種:

對自己發問。每當發覺自己即將開始自責時,不妨試著問問自己:「是誰說這件事就一定是我的過錯?」緊接著發問:「你相不相信?」然後弄清楚事情背後的原因,找到真正應該負責任的對象,而不是盲目地將一切過錯都攬在自己的身上。

自信一點。找回自信的辦法有很多,而自信恰巧也是避免過分自責的關鍵。

第五種是破壞型憤怒。如果你不是一個輕易被擊敗的人,但又不喜歡

第二章　情緒自治—做優秀的情緒管理者

做正面的鬥爭，或者認為自己面對面抗爭無法取得勝利時，往往會採取一種較為隱蔽的發洩憤怒的方式，在暗中悄悄進行回擊。由於不願自責，更不是那種隱忍的人，所以你就理直氣壯地暗自採取攻擊行動。心理學家認為，這種方式的結果往往是，這類人的生活目標變成了讓別人得不到他們想要的東西，而並非努力讓自己生活得更幸福。可見，這種破壞性的憤怒帶來的後果是「雙輸」。

如何化解破壞型憤怒呢？

要允許自己生氣。嘗試暗示自己，憤怒是你表示對他的擺布已經感到厭倦了。

勇於爭取。相對於有意不按時繳交工作報告的做法，還不如簡單而直接地告訴你的上司，你長期以來都在承擔超出自己能力範圍的工作量，為自己爭取一些權利。

嘗試掌控。如果你身上有來自他人的一些過高期望，這使得你感到不舒服，甚至憤怒，此時，不要讓自己轉變為破壞型的憤怒者，而是要努力改變自己的現狀。

第六種是習慣型憤怒。這類人會直接地表達出自己的不滿情緒，比如，「太過分了，總是找我借遊戲機玩，為什麼你就不能自己買一個呢？」心理學家認為，這種直接的表達方式屬於錯誤的習慣，並非針對這件事應該有的正確反應。隱藏在這種直接表達的背後，勢必存在一些被當事人忽視了的負面情緒，比如遺憾、挫敗、怨恨等。當憤怒或不滿的情緒被你習慣性地直接傳達出來時，對方會有很大的心理壓力，尤其是那些與你關係比較近的人，時間長了，他們或許會漸漸疏離和逃避你。

糾正這種直接的習慣性憤怒的方法是：面對內心深處和及時制止。如

果你敢於面對內心便會發現，其實你並不是很介意遊戲機被借用，那些總是讓你習慣性發怒的事情都是微不足道的，並不值得你為此動怒；及時制止是指，在你發覺自己開始「發作」時，要及時平息內心的怒氣，暗示自己停止這種愚蠢的行為。

拒絕「語言暴力」

生活中，我們會經常遇到這樣的情況，身邊有朋友喜歡用陰陽怪氣的口吻與我們說話，還憑空貶低我們，發出質疑的同時也不忘加上幾句指責的話語。而我們通常都會感覺莫名其妙，並受其影響，甚至還深深感覺到愧疚之意，真的就以為是自己不好了，自信心在瞬間瓦解，開始質疑自己的能力或待人處事的方式。

更嚴重的情況是，當一個曾經出現在你的工作或生活圈中的朋友與你發生矛盾後，對方開始使用語言攻擊，不斷地謾罵、詆毀、攻擊你，即便對方只是一個十分普通的同事而已，那些難聽的話依然會產生效力，讓你心情不好，甚至感到憤怒。有些人遇到這種情況時，會假裝不在乎，想用這件事去鍛鍊一下自己的寬容度，但結果還是忍不住去想那些謾罵之語。

這就是所謂的語言暴力，是一個人用嘲笑、謾罵、蔑視或詆毀性的語言對另外一個人進行精神和心理上的攻擊的一種行為，屬於精神傷害的範疇。語言暴力容易出現在不平等的關係之中，施暴者多為長輩、家長，而受暴者則多為青少年。但在今天，語言暴力已經不限於此了，也普遍存在在日常的人際關係中，比如朋友之間、戀人之間等。

研究發現，有心理疾病的人很容易出現語言暴力，而那些患有攻擊型

第二章　情緒自治—做優秀的情緒管理者

人格障礙的人也特別容易成為施暴者。這類人發出攻擊主要受情緒和行為的衝動性影響，屬於主動攻擊型，部分攻擊屬於有意識的計畫，而也有部分攻擊是無意識的行為。主要有以下幾個特徵：

1. 情緒急躁、易怒，有無法自控的衝動和驅動力。

2. 行為反覆無常，有些是有計畫的，有些是無計畫的，並且在行動之前通常都有十分強烈的緊張感，而行動之後又會感覺愉悅和滿足，沒有悔恨和自責。

3. 個性方面常常表現出向外攻擊性和盲動性，行動魯莽。

4. 心理發育不健全，經常出現心理失衡。

5. 容易發生不良行為和犯罪。

6. 衝動的動機可以是有意識的，也可以是無意識的。

除了主動攻擊型之外，還有一種是被動的攻擊，被動攻擊者往往在表面上表現為順從，但內心卻是充滿敵意和攻擊的，雖然不會「就事論事」地做出反擊，但會在其他事情上故意對對方造成傷害，又不敢直接外露。此外，專家也發現，這類人往往與迴避型人格障礙症患者、依賴型人格障礙症患者相關聯，那些表面上自恃清高、逃避人群、喜歡用語言去傷害他人的人，其實內心不堪一擊。

究其原因，心理學家認為，這類人多半都與其過往經歷有一定關係。好比一個在童年時期特別內向文靜的人，長大之後要不是更加自閉，要不是就變得十分多話，這是以往缺失的部分要在日後加倍進行補償的表現。引起這種攻擊型人格障礙的主要原因有：一是童年時期缺乏長輩的管教或者是管教過嚴，難以與人正常溝通，形成扭曲的心態；二是幼年時期長期遭受他人欺負，長大後尋求報復；三是自卑心理和挫敗感很嚴重，藉著語

言暴力攻擊滿足強烈的控制欲望。

　　也就是說,那些總是強詞奪理的人多半都是源自其自卑的內心和童年時期遺留的缺憾。比如那些趾高氣揚的人沒有幾個是有真本事的,那些高調張揚的人也沒有幾個是具備真材實料的,那些喜歡用自己的方式去嘲諷或打擊他人的人,也沒有幾個是真正有本錢的,多半都是因為自卑。他們無法改變自己的生活,就想要用語言暴力去傷害、詆毀、侮辱自己身邊的人,而他們越是想要證明自己的強大,越是想要引起關注,就越是要發出更強烈的語言暴力攻擊。

　　由此可見,如果你身邊有這類習慣用語言暴力攻擊他人的人,而你也不幸地被他們攻擊過而一度陷入鬱悶,那麼現在就要清楚地認知到,這只是他們的一套小伎倆,不用害怕,更不用為難自己,繞過他們,避開這些語言暴力的攻擊,不當他們的攻擊對象,你的情緒就不會受到他們的影響。應對的方法其實很簡單,我們只需要認清他們的內心,對其行為不加理睬和辯駁,也不對自己的行為做任何解釋,暗示自己:「這是他們自己的事情,與我無關,我沒有任何錯,不需要愧疚。」

第二章　情緒自治─做優秀的情緒管理者

第三章　心理自助
──告別病態心理

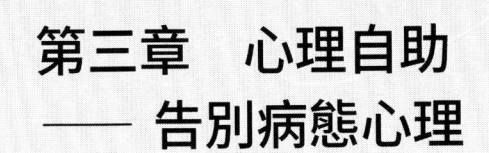

　　你知道家庭環境和父母的管教方式會引發心理問題嗎？自私、壓抑、懷舊、虛榮、空虛、貪婪……這些普遍存在於人類內心深處的病態心理到底是如何發生、如何影響人們的正常工作和生活的？我們將在本章中詳細介紹擺脫以上病態心理的技巧。

第三章　心理自助—告別病態心理

▎別種下心理病根 ▎

▶ 陪讀的背後

有的家長為了讓孩子專心讀書，會一路進行「陪讀」，家長包攬一切事務，孩子只要專心讀書就行。我以前就聽過一則陪讀的故事，母親為了讓兒子考上好的大學，從孩子讀高一開始就一直陪讀，這位年輕人在母親的悉心照料下，自然省去很多處理日常生活瑣碎事務的時間，成績似乎也有所提升。

但實際情況遠非這麼簡單，他在高三上學期出現了嚴重的厭學情緒，開始無精打采，人際關係變差，並且不能忍受批評和指責，否則就大發雷霆。成績也開始下滑，最後他索性不去上課了，每天瞞著母親去網咖打遊戲。幾天之後，這位用心良苦的母親才從老師的口中得知兒子已經好幾天沒去上學了。

這則故事的結局是，母親替兒子辦了休學。與此同時，家人也發現兒子性情大變，經過諮商才知道，兒子出現了心理問題，需要做專業的心理治療，方可恢復健康，否則即便再回到學校，也很難參加大學考試。

照理說，母親為了兒子更好、更專心地學習，創造良好的學習條件和環境是沒有錯的，也是無可厚非的。但現實情況卻並不盡如人意，原因是什麼呢？有關專家分析，這種「陪讀」遵循「萬般皆下品，唯有讀書高」的傳統觀念，再加上父母們的比較、從眾心理，陪讀的本質已經發生了變化，並與科學教育理念相悖。

但也不排除陪讀成功的例子，孩子順利考上了大學，上了大學後才知道，原來孩子什麼都不會做，甚至還要去努力克服依賴心理，才能安心上

> 別種下心理病根

大學。所以，專家認為「陪讀」其實是一把雙刃劍，其中弊明顯大於利。很多教育專家經過調查得知，有家長陪讀經歷的孩子產生心理問題的機率，要遠遠大於沒有陪讀經歷的孩子；特別是依賴性過度的陪讀，會對孩子的心理造成不良影響，容易出現依賴型人格，自信喪失，人際關係變差，社會適應不良等等，嚴重時還會造成厭學和叛逆情緒。

可見，表面上看來，陪讀是為孩子的學習著想，但實際上卻成了孩子們成長的絆腳石。如果再更深層地分析，家長並不可能陪著孩子一輩子，他們總有單飛的一天，而在家長的過度照顧下，孩子的「翅膀」還來不及生長，就要到外面去應對林林總總的社會生活。因此，家長如果能夠早點讓孩子心理「斷奶」，學會獨立自強，不僅是明智之舉，更是長遠之策。

當然，外界的媒體、學校等也要注意，不要總是散布諸如「不能讓孩子輸在起跑點上」的類似言論，加重家長的心理負擔和焦慮感；而家長也要根據具體情況和現實意義分析判斷，究竟什麼樣的學習環境和生活狀態才最有利於自家孩子的成長和學習，更不能過分偏重在讀書上。要知道，孩子在讀書時代的一個重要任務固然是學習，但獨立意識的培養與健康的心理狀況同樣重要，因為現實已經向人們發出警告，僅僅只是學習好，還不足以在社會上立足。

父母是孩子最好的老師，這是一直以來公認的觀點。成年人有自己的工作，孩子也有自己的任務，各司其職其實就是最好的示範。家長在工作之餘盡力為孩子營造一個和諧、融洽的環境，再在精神上給予一定的支持和獎勵，都可以潛移默化地影響和引導孩子吸取正能量。其中不斷激發孩子的內在驅動力，挖掘其自主潛能，才是長遠之計。那種大小事全部包攬的做法，會令孩子失去成長必經的過程，剝奪他們的自主權，影響健康心理發育。

第三章　心理自助—告別病態心理

▶ 獨生子女是人格障礙的高危險族群

獨生子女是父母唯一的希望，是他們獨一無二的寶貝，所以整個家庭幾乎將所有的期望都放在獨生子女的身上。這些獨生子女也因此而背負了許多壓力，有的甚至因無法承受而出現人格偏差。

心理和行為問題在獨生子女中已經越來越普遍，他們有優厚的物質生活條件，更有聰穎的大腦，但就是在性格方面表現出反常。曾經有統計顯示，大約有20%的青少年會遇到情緒障礙的問題，比較明顯的是人際關係、情緒不穩定以及學習這幾個方面的問題，而其中又以獨生子女占比較高。

廖某是一所知名大學的研究生，剛畢業沒多久。他長相俊俏。他的父母都是商人，父親還是一家上市公司的老闆，雖然父母在他讀國二那年離了婚，但在外人看來，廖某依舊十分幸福。可以說，廖某自小就生活在一個物質條件十分優沃的家庭中，同學、老師都認為廖某很幸福，再加上他的成績一直名列前茅，所以大家對他的未來都持有十分樂觀的態度。可是，廖某最後卻在一家餐廳裡打雜。

起初，廖某是瞞著家裡的，但細心的母親還是發現了端倪，因為廖某每天晚上返家身上都帶有一股異味，而且衣著也十分邋遢。後來在母親的詢問下，廖某才承認實情。大家知道這件事後，紛紛感嘆，沒想到條件這麼好的一個年輕人居然去餐廳裡做雜工。但廖某的解釋卻很簡單，也令其母心酸，他說：「我除了打打雜，其他的工作我都不會。」最後，在父母的壓力下，廖某辭職了，但父親替他介紹了好幾份工作，他都不願再去嘗試了，還說之前在工作的地方已經被很多人奚落，不想再去丟人。

家人當然很無奈，辛辛苦苦培養兒子讀大學、考研究所，但畢業後他

居然跑去打雜，月薪才兩三萬塊，確實令這兩位老人家痛心。後來，他們想到了心理諮商，當母親將兒子的情況一五一十地告訴醫生後，心理師很確定地告訴他們，廖某患有迴避型人格障礙症。

該種人格障礙症的誘因是家庭環境，其中雙親的離婚事件可能是一個關鍵誘因，廖某自認為生活在一個離異家庭中很讓人瞧不起，因而開始自卑，加上自己沒有兄弟姐妹，他內心的壓抑也只好自己消化，並轉化為發奮讀書的動力，期望用優異的成績贏得他人的尊重。雖然他在同學和老師的面前還是很親和，但自卑的情緒已經越來越嚴重，並且極度缺乏安全感，甚至想把自己封閉起來，不願與人交流，迴避人際交往。

與廖某有類似經歷的一個17歲年輕人江某，生在一個高知識分子家庭，江某也很爭氣，從小就聽話，成績非常優異。父母因此對他寵愛有加，江某想要的，他的父母都無一例外地設法滿足。不過，出於工作原因，父母在學習方面對江某的管束和關心較少。

之後，江某以十分優秀的成績考進了當地的一所住宿制高中。剛入學時江某很努力，成績也良好。但在高一下半學期，江某的父母就接到了江某班導師的電話，說江某在學校不好好上課，還擾亂課堂秩序，甚至經常蹺課去上網。導師幾次找他談話，都被江某頂嘴回去，他稱他有自己的讀書方法，不需要旁人指指點點。

父母得知詳情後，嘗試找他談話，江某的態度很差，還頂嘴說：「你們都一樣，沒多大出息，還在這裡管教我，將來我肯定比你們強上幾百倍！」好在江某的成績並沒有因此出現下滑。一年之後，江某因為成績優異，被國外的一所高學錄取了。國外的生活令江某很受挫，再加上國外有著不同的評分制度，江某的成績再也無法像以前那般優秀。隨後，一連串的問題接踵而至，江某越來越孤獨，一個朋友都沒有。

第三章　心理自助─告別病態心理

　　強忍著讀完了一個學期，江某在回國度暑假的途中「失蹤」了，父母知道他已經過了海關，但始終找不到人。半年之後，江某和家人取得了連繫，但還是不肯和父母見面，還說自己現在很好；又過了半年，江某主動回家了。但江某變得沉默寡言，沮喪自閉，不願和任何人交流，與父母的對話也僅限於三句，超過三句他就開始不耐煩，轉身走人。

　　父母很著急，無奈之下，只好託人找了一位心理師，為兒子做了一次診斷。醫生告知，江某有十分明顯的自戀傾向，根據目前的表現分析，江某患有自戀型人格障礙症。後來，在父母苦口婆心的勸解和安慰下，江某才勉強同意接受心理治療。

　　一位青少年心理輔導負責人發現，在他們協助的患者中，有80%以上的孩子的心理問題都出在家庭和父母身上。可以說，孩子出現的一系列心理問題都大致上可以反映出其家庭問題以及父母的教育方式，甚至還包括父母的心理問題。

　　其中對孩子的心理健康影響最大的幾個因素是：父母對孩子不管不問或者極少過問、父母對孩子的期望值過高、父母關係惡劣，而這些因素在獨生子女的家庭中影響更大。有研究還發現，在父母的過分溺愛中長大的孩子，容易患上自戀型、依賴型人格障礙症；父母如果比較強勢或雙方關係緊張，孩子很容易出現迴避型、衝動型人格障礙症。

　　另外，也有大量調查研究證實，人格障礙症通常是在孩子15歲之前就已開始成形，而18歲之前的人格障礙症都是不穩定的。所以，早期教育對孩子的影響非常重要，家長應該留意並預防孩子人格障礙症的形成，以便及時採取導正措施。那麼，家長如果發現孩子有人格障礙症的傾向，要如何及時採取介入措施呢？

　　青春期的孩子大多試圖用自己的思想取代家長們的觀念，此時的人格

障礙傾向表現得較為明顯,是心理輔導和採取介入措施的最佳時期。如果心理輔導及時,介入措施正確合理,90%的孩子的人格障礙症會出現明顯的好轉,60%的孩子在成年之後便可完全恢復健康的心理狀態。

而就介入措施而言,家長們主要可以從以下兩個方面入手:一是家庭環境與教育方式的轉變,逐漸剔除以往不愉快的家庭氛圍和不良的教育方法,盡量為孩子創造和諧、美好的家庭環境;二是家長要及時與老師進行溝通,合理地、針對性地提出要求,讓老師積極開展學習之外的娛樂活動,加強學生之間的交流,改善人際關係等等,在傳授知識的同時,也要重視培養學生的健康人格。

如果人格障礙症在成年後依舊存在,或者有些人格障礙症在成年後才出現,那在治療的難度就比較大了,需要進行長期的、穩定的心理輔導和矯正治療,才能治癒。

你敢承認自己自私嗎

▶ 關於自私心理的研究

哈佛大學行為科學家戴維·蘭德曾經發起一項議題研究,即人們最自發的衝動是源自合作還是自私。他召集了一些研究者,在一個網站上做了測試,網友們可以透過這個網站報名,透過做少量的工作來賺點小錢,類似於標記照片或轉錄文字的工作,這其實是一項嘗試了解人們的直覺的實驗,並且在該網站上,實驗人員還可以接觸到大學大學生以外的社會群體。

第三章　心理自助—告別病態心理

在某些實驗中,受試者被要求在一場執行決定的遊戲中單獨玩一個回合,這個遊戲經常被心理學家和經濟學家拿來做實驗,被稱為「公共貨物遊戲」。每一個受試者被安排在一個有四個科目的組裡面,實驗人員還給了他們每人40美分。無論受試者最後的儲蓄是多少,都會加倍,並且會由四個人均分。

實驗人員要求他們在每個科目裡自願選擇存放儲金的數額。也就是說,假如大家都把各自的40美分存起來,那結果就是,所有的玩家到最後的錢都會成倍增加,這顯然是最合適不過的了!該遊戲可以藉由合作獎勵貪婪——假如其中有一個玩家一分錢都不放的話,那麼,其他的三個玩家就要將他們的錢拿出來均分,最後這個一分錢都不放的吝嗇玩家便會得到60美分,加上他原有的40美分,總共可獲得1美元。這一點已經被實驗人員毫不隱諱地公布在遊戲的說明裡了,如果四個人中所有人都不放的話,結果大家的儲金都不會增或減。

而實驗的實際情況是,沒有人不存放儲金,並且迅速做決定的人平均存放的金額為27美分,而做決定比較慢的人平均存放的金額是21美分。

在實驗的下一個階段中,實驗人員要求某些受試者在10秒鐘以內做出決定,而其他的人就需要等待至少10秒鐘的時間。在這段時間裡,大家都可以考慮自己將要存放進去的金額。結果是,快速做決定的人存放進去的金額還是明顯高於那些猶豫不決的人存放的金額。

此外,實驗研究人員還在一個實驗室裡,對一群年輕人進行了實驗,結果發現他們在實驗室裡存放的金額會更少,那些能夠迅速做出決定的人依舊比猶豫不決的人存放得多。

以上實驗均說明了一個問題,那就是人們在迅速做決定時更傾向於合作。心理學家也認為,做出選擇的速度越快,該選擇就越傾向於直觀抉

擇。簡單來說就是，想得到越多，合作成分就越少，自私心理反而越發突顯。戴維・蘭德認為，人們一旦停下來去思考，就會很快意識到現實情況，並開始考慮如何獲得好處甚至能夠僥倖成功，在理性中做出的決定，合作成分就會明顯減少。

▶ 你自私嗎？

心理學家一直在嘗試研究人們為何選擇合作，又會在什麼情況下表現出合作，這是一個關於自私問題的研究，也是與人性相關的問題。那到底什麼是自私心理呢？

自私其實是一種較為普遍的心理現象，屬於病態心理範疇。自私就是自我和利己，是一個人只顧自己的利益而不顧他人、集體、國家甚至整個社會的利益的表現。現實生活中，每個人都有自私的想法，都會有自私的言行，只不過這種自私的程度不同罷了。比較輕微的自私心理是有私念、計較個人得失、忽視公德；而比較嚴重的自私就表現為為獲得一己之利而做出諸如殺人、誣陷他人、侵吞公款等鋌而走險的事。可以說，自私心理是一切罪惡的根源，包括貪婪、妒忌、吝嗇、虛榮等病態心理，均源自自私。

小剛是一個從小就很愛讀書的孩子，從小學一年級開始到國中一年級，小剛一直保持班級前三名的好成績。但是最近，小剛卻變得很反常，媽媽發現他經常發脾氣，比如，爸爸如果沒有時間帶他出門，他就說爸爸的壞話；有時候媽媽因為忙，忘記幫他熱牛奶，他就開始抱怨。就在清明節那天，一家人都去為過世的親人掃墓，但小剛卻很反感地認為那是在浪費時間，有這時間自己都寫完作業了。

第三章　心理自助─告別病態心理

有一次，小剛的小阿姨生病住院，媽媽每天都要去醫院照顧她，照顧小剛的時間自然就減少了。按理說，已經十幾歲的小剛應該可以自理了，也應該理解一下大人的難處，但他竟然對著媽媽發脾氣，還說小阿姨已經是個成年人了，怎麼還要別人照顧？媽媽明顯感覺到小剛的變化，擔心這樣下去，不利於小剛的成長。而近期老師也向她反映說，小剛在學校經常和同學鬧彆扭，而且都是因為一些小事。

馬某的情況和小剛類似。現年47歲的馬某在一家中小企業上班，薪水不算高，但還可以勉強養活一家子。馬某從小家境貧寒，那種窮苦的日子他是受夠了，如今即便住進了大城市，生活水準有所提高，但因為兒時的經歷，他還是習慣斤斤計較過日子。去市場買菜時，他經常為了幾塊錢和攤主爭得面紅耳赤，總覺得要占點便宜，才算對得起那份買菜錢。除此之外，馬某在公司也很看不慣那些比自己年輕但職位卻比他高的人，經常心裡不舒服，暗暗在心中詛咒別人。

不過，馬某有一手很厲害的技能，大夥都很羨慕他，同事常常向他請教，結果每次都被他狠狠地趕走。最近，公司舉辦聚會，他找理由拒絕了，原因是他不想見到那些討厭的人在他面前作樂，看了就一肚子火。

前陣子，領導要求馬某帶幾個徒弟，將技術傳授給年輕人，但馬某哪裡願意，當場就拒絕了，還宣稱就算把技術帶進墳墓裡，也不會傳授給任何人。大家都說他自私，但馬某覺得他們那是妒忌，還要妻子為他評評理。馬某的妻子聽後也認為是馬某過於自私了，話不投機，馬某就大發雷霆，還說天下沒有人理解他。面對妻子提出的離婚要求，馬某自私地告訴她：「想離婚，門都沒有，我就不給妳自由，看妳要找誰過！」

小剛和馬某的行為均屬於自私的表現。從心理學的角度分析，這是比較常見的自私心理。

自私的心理特徵主要有以下幾點：

一是深層性的。心理學家認為，自私存在於人的內心深處，屬於一種類似於本能的欲望追求。人類在物質需求的基礎上有了更多的生理、精神和社會等方面的需求，這是推動人的行為的原始動力，有需求才有行為。但在現實生活中，人是不能為所欲為的，而是要遵循一定的社會規範、道德以及法律的約束和制約。人一旦拋開以上制約因素，一心只想滿足自己的欲望跟需求，就形成了自私心理。這種自私心理深藏在內心的想法之中，並隱藏在人們的各種需求結構之中。

二是下意識性的。自私心理的深層性決定了它的下意識性，即人們根本不會意識到自己的自私心理的存在，有的人在做出一件自私的事情時，並不會意識到自己的自私，甚至還會覺得心安理得、理所當然。這一點決定了自私心理的範疇 —— 社會病態心理。

三是隱蔽性。深層性和下意識性決定了自私心理的隱蔽性，這種不以人的意志為轉移的心理和行為與社會道德規範是相互違背的，更是被眾人所抵制的。所以，即便自私的人意識到了自己的自私心理和行為，也未必勇於承認，同時還會以各種隱蔽的手段和方式為自己掩飾。

關於自私的行為特徵，有研究者總結如下：

1. 違反公德約束。社會公德是人們在社會生活中應當遵守的道德準則，比如不隨地吐痰、不闖紅燈等，但有自私心理的人就會公然漠視，比如，一大清早就開啟音響，自己是在享受清晨的美好時光，卻沒有想到鄰居還沒起床；或者自家的東西不捨得用，得知是別人家的時，就覺得浪費點沒什麼；打掃時只把自家的角落掃得乾乾淨淨的，公共區域卻堆滿了垃圾，誰也不肯主動清理。

2. 妒忌心強。見不得別人比自己好，容不得有人超越自己，這是自私的人最典型的妒忌心理。在學習或工作上，自私的人會嫉恨那些能力比自己強的人，甚至有時還想辦法誣陷對方，直到讓對方變得不如自己為止。過強的妒忌心會驅使一個人做出瘋狂的舉動，甚至包括一些違法的行為。

3. 感情關係畸形。自私的人在感情關係中也有自私的表現，比如，他們會為了滿足自己的需求而玩弄對方，甚至不惜插足別人的婚姻，充當第三者；還有些人會在自己升官發財之後，拋妻棄子，另結新歡，還公然無視事實，而宣稱是對方不忠等等；此外，在如今的很多徵婚網站上也有許多謊報訊息的徵婚者，隱瞞真實身分，故意抬高身價以吸引他人目光，騙取感情，甚至釀成無數慘劇。

4. 技術的壟斷或剽竊。如果展現在職業問題上，有自私心理的人寧願將自己的手藝或技術帶進棺材，也不願拿出來教人，比如以上案例中的馬某，手上有技術卻不肯傳給任何人。當然，自古以來還有一種傳授手藝的說法，即「傳男不傳女」、「傳女不出嫁」或「傳給徒弟，餓死師傅」等說法，均屬於自私心理的表現。除此之外，如今社會還衍生出了另外一種風氣，即技術剽竊，將別人的專利技術剽竊過來為己所用等等。

5. 以財謀求私利。社會上一直有一種「攀關係，走後門」的風氣，人們為了得到地位和聲譽，不惜用金錢和厚禮去賄賂有權有勢之人，以求得到便利。諸如此類的行為均屬於自私的行為。

6. 用既有權力謀取私利。總有那麼些有權之人，利用自己的權力和地位謀求私利，不顧無權之人的處境，無視民眾、國家的利益，一心只為滿足一己之私。

你敢承認自己自私嗎

▶ 自私心理的調適方法

　　針對以上小剛的例子而言，有心理師分析，小剛的自私心理其實受家庭環境影響的成分居多。小剛愛讀書是一件好事，但他已經逐漸發展為自私，只考慮自己，不管他人的處境和感受，學習成績的優秀並不能掩蓋他自私、冷漠、沒有責任心的性格缺陷。這種情況如果持續下去，成年後的小剛根本不可能適應正常的社會生活。心理學家認為，一個人在某項知識、技能方面有缺陷不可怕，可怕的是在人格上的缺陷，因為人格缺陷將會貽害其一生。可見，擁有健全的人格要比學習知識重要很多。

　　然而，青少年時期的健全人格培養的關鍵在於家庭，是否有良好的家庭教育環境以及家長的各種言行舉止，均會影響到孩子人格的發展，因為孩子在未成年之前的個性可塑性是非常強的。

　　這也是我們在本章的第一節中所提到的問題，家長們往往為了讓孩子安心學習，都會告訴他們：「你只要好好學習就行了，別的事情都不要操心。」或者是阻止孩子去做自己想做的事情，勒令其趕緊去讀書等等。事實上，鼓勵孩子好好讀書本來就無可厚非，這是很正常的事，但家長也不能一味地要求孩子讀書，要求孩子不能接觸學習之外的事情。或者把孩子的考試成績單當作全家情緒好壞的指標，成績好就皆大歡喜，一家人都喜氣洋洋；成績不好則開始嘮叨和責備，甚至打罵，一家人的情緒都跌落到谷底。其實完全沒有必要如此，這樣只會對孩子造成更多的心理負擔，嚴重時還會造成孩子的心理向異常方向發展。

　　因為孩子的個性可塑性還是很強的，所以心理師針對小剛的情況，對他的父母提出了以下幾點建議：

　　1. 家長要轉變以往那種以成績為天的觀念，不要過分重視分數和排

第三章 心理自助—告別病態心理

名,讓孩子能夠在輕鬆的環境中自由地學習和體會學習的樂趣,而不是要求其為了分數和排名而每天埋頭苦讀,只有這樣才能徹底激發孩子被壓抑已久的潛能。

2. 家長要以身作則,用自己的行為模式去正確引導和教育孩子,多進行心靈溝通。溝通的內容不要總是局限於學習,可以是其他任何孩子感興趣的事情;此外,還可以將一些家事交給孩子,比如要求他們自己洗襪子、自己去買需要的文具等,而不是包辦一切,只有這樣才能培養孩子動手的能力和責任心。

3. 家長要鼓勵孩子多交朋友。如果和同學有摩擦,也不要總是護著自家的孩子,首先要弄清楚事實,分清責任在誰,同時也要教導孩子學會換位思考,用心理解和體諒他人。

案例中的馬某已經是一個成年人了,可以說,他的自私心理已經成形,和小剛的情況並不一樣,需要用另外的一種方式來克服。自私作為一種病態的社會心理,專家認為,克服自私心理可以充分發揮個人的主觀能動性,進行矯正訓練。

1. 使用內省法。內省法是構造心理學派主張的一個方法,主要是藉助自我觀察去研究自身心理的一種方式。因為自私的下意識性和隱蔽性,所以,要想克服自私心理,首先需要我們經常對自己的自私行為做觀察和自省,用客觀的眼光和符合社會道德規範的一套標準去衡量自身行為;一旦發現有自私的心理和言行出現,就要立刻意識到錯誤並對自己的觀念和價值觀進行深刻反省,同時也要多看一些無私奉獻的人士的故事和傳記,向那些無私行為看齊,並且勇於在自己的自私行為中總結危害。

2. 採取行動。內省法可以讓一個自私的人意識到自私心理和行為的存

在及危害，幫助其糾正以往不良的自私心理。在此基礎上，還需要有進一步的實踐訓練，即多做一些利他之事。譬如，主動關心和幫助他人，主動幫忙有困難的鄰居等等。如果自私心理比較強，還可以從生活小事做起，如不拒絕他人的請求，借出自己的電話或自家的掃把，也可以主動給予對方幫助等等。在這些簡單的小事中感受樂趣和被人肯定的幸福感，收穫前所未有的、純淨的成就感。

3. 迴避療法。很早之前就有人提出一種治療憤怒的方法，即迴避療法，當一個人的怒氣即將爆發時，想要立即停止，就可以在牆上釘釘子，以警醒當事人，不要亂發脾氣。類似的方式也可以用於自私心理的矯正，一個人如果真正下定決心要改正自私，就能夠意識到自己的自私念頭和行為。一旦意識到，就可以立即自行做出制止行為，比如用橡皮筋彈自己的手腕，在痛感中醒悟並停止自私的念頭或行為。當然，必要的時候還可以找一個值得信賴的朋友，充當制止者或監督者。

▌長期壓抑滋生病態心理 ▌

警察陳某在一處湖景區巡邏時，聽到一陣陣從湖心傳過來的喊聲：「我對不起爸爸，對不起媽媽……」喊叫聲一直在湖面上飄蕩。陳某警覺不妙，從聲音和語氣判斷，當事人的情緒異常，便立即奔向湖邊，發現距離岸邊五六十公尺遠的湖中央位置，有一個人影在不停地拍打水面。當時雖然天色已經較晚，但湖邊還零零星星有幾個人，只不過大家都沒有當一回事。也有人說，不久前看到一個年輕人下水了，之後就沒見他上岸。因為擔心湖中心的年輕人的安危，巡警陳某便大聲向對方喊話，希望他趕緊

第三章 心理自助—告別病態心理

游上岸，不要做傻事；與此同時，陳某一行人也在爭取時間，一面向湖中央照射遠光燈為其照明，一面找到景區管理人員，要求其以最快速度開啟景區的所有景觀燈。緊接著，另外一名員警也找來了救生圈，綁好了安全繩，準備前往湖中心施救。這期間，湖中心的年輕人一直在不間斷地高聲喊叫，不斷發出自責的聲音。

最後，員警因為安全繩不夠長，便聯絡了消防部門，還撥打了119急救電話。不過，好在年輕人還算理智，也許最後是因為喊累了，他開始朝湖對岸游去，從他的位置游到對岸距離較近，也比較節省體力。員警見狀趕到對岸，檢查他的身體狀況，發現並無大礙。問及為何深夜還在湖中心不回家時，年輕人猶豫了一下，才將事情的原委告訴了員警。

原來，這位年輕人姓李，今年才20歲，還在讀大學。前陣子因為學習和人際關係方面出了問題，他一直很鬱悶，找不到朋友傾訴，他只能獨自一人來到湖心發洩情緒。李某最後表示，自己原本就是想到湖裡清醒一下，發洩情緒，但沒想到因為周圍太黑了，所以他一度迷失了方向，好在他會游泳，找到方向就可以自己上岸了。

不過，細心的員警還是覺得李某沒有完全說實話，因為他在岸邊丟下了書包，如果僅僅只是想下水發洩情緒，為何連衣褲、鞋帽都不脫，就直接下水了？或許事情的背後還另有隱情。

這場看似鬧劇的事件，讓李某的家人和老師都更加留心。在老師眼裡，李某平時很低調，很少見他與同學們一起出行，基本上每次看到他都是一個人，一個人去上課，一個人去餐廳吃飯；而在李某的母親看來，兒子在家還是很乖的，經常幫忙做家事，但就是不喜歡和家人談心，也從來不在他們面前抱怨什麼。

但實際上，李某如果不是極度心理壓抑，又怎麼會深夜一個人跳進湖

長期壓抑滋生病態心理

裡呢？專家認為，李某必須及時緩解壓力，找到正確的傾訴和發洩途徑，不能再繼續壓抑下去，否則後果將不堪設想。

在一個人受挫後，把一些不被自己接受的衝動或念頭通通拋在記憶之外，並在不知不覺中壓抑到潛意識裡，推遲滿足需要的時間，或者是主動將自己的不幸和痛苦忘掉，以便輕鬆地去迎接下一次的考驗，進而造成暫時避免焦慮、緊張和衝突的作用。表面上看來並沒有什麼不妥，但那些被抑制的負面情緒卻沒有得以消除，而是變成了一種潛意識，讓人的心態和行為變得消極，甚至古怪起來。也就是說，壓抑其實是一種病態社會心理，和自私一樣具有危害性。

下面就讓我們一起來了解一下，壓抑究竟有哪些行為表現，以及壓抑都有哪些危害和特徵，正在遭受壓抑的人要如何及時做好心理調適。

首先，關於壓抑的行為表現及其危害性，心理學家認為，挫折和壓抑兩者之間互為因果關係。各個年齡層的人都有可能有一定程度的壓抑心理，個體的壓力和挫折令他們產生自卑、沮喪、自我封閉、焦慮、孤僻等病態心理和行為，如此循環，壓抑感也會更加強烈。壓抑的行為表現及其危害性主要有以下幾種：

1. 憂鬱情緒。產生憂鬱情緒的人會感到憂心忡忡、失眠、注意力難以集中、性格孤僻、不合群，甚至開始自我封閉。這類人常常感覺不到自身價值的存在，對前途備感渺茫。

2. 優柔寡斷。意志力薄弱，缺乏主見，做事常猶豫不決，沒有自信。

3. 厭倦情緒。對生活失去信心，做事效率低下，對任何事情或人都打不起精神，總是一副懶洋洋的樣子，成就動機急遽下降，不願意承擔社會工作與義務。

4. 軀體化焦慮。長期壓抑的人會出現明顯的焦慮感，並以身體不適的形式表現出來，譬如腸胃不適、頭痛等；也有些人會將這種焦慮情緒發洩在食物上，常常暴飲暴食，結果引發肥胖症。

5. 社交障礙。不願與人打交道，懶得說話，表情呆滯或敏感多疑等，都會為人際往來帶來影響。

6. 轉向行為。消極的思想和情緒會轉化為一種潛意識，而這種潛意識又會以動機的形式表現出來，形成某種行為的驅動力。那些被壓抑的情緒或想法最終會以改頭換面的方式「爆發」出來，譬如上述例子中的李某，在學習和社交上產生的負面情緒讓他覺得愧對父母，但又無法在父母面前表達或發洩，只好壓抑自己，並最終獨自一人選擇在湖裡發洩對父母的自責和慚愧之情。

其次，壓抑心理的特徵主要有內向性、消沉性和潛意識性。內向性主要是指當個體開始與外界發生衝突時，個體的反應不是與之進行積極的溝通和調節，而是選擇逃避和退縮，回到自己的主觀世界之中，自我約束和自我克制，以求獲得安寧。而消沉性是指那些被壓抑下去的情緒並未真的消除，還隱藏在潛意識裡，使人越來越消極，越來越沒有精神，失去最初的動力，變得不知所措。潛意識性即那些被壓抑的消極情緒轉化而成的潛意識力量，變成驅動行為的內在動機。

最後，一個人如果長時間過度壓抑自己的思想、行為，勢必會導致心理和行為發生異常。所以，壓抑心理必須要消除，當事人需要找到一個正確的緩解壓抑情緒和克服壓抑心理的調節方法。而在介紹調節方式之前，我們也有必要對壓抑心理的成因做進一步的探討。

有研究發現，壓抑心理的產生是外界因素和個人心理因素共同作用造成的。單就外界因素而言，主要有以下三大原因：

長期壓抑滋生病態心理

一是當事人受到的約束過多。在當今社會，行為規範是每個人都必須遵守的，這也是約束個人行為的一大標準。但內心壓抑的人遭受的約束可能更多，比如家庭的過高期望、學校的管束和紀律規範、公司的嚴格要求等，這些約束同時作用，會對當事人造成不小的心理壓力和負擔，加上這些情緒很難及時得到處理，便會導致他們越來越壓抑。

二是人際關係不佳或緊張。有部分人很重視友誼，喜歡人與人之間有近距離的心靈交流，但有時不可避免地產生摩擦，或者得不到他人的真心接納，或者是多年好友關係出現緊張等等。一系列疏遠的人際關係令其社交需求得不到滿足，自信心下降；多年的好友關係出現緊張，會導致當事人精神和社會的需求難以獲得滿足；人際關係處處受挫，都會引發挫敗感和孤獨感，而當事人無力改變，只好採取迴避的形式自我消化。

三是工作量繁重或學習負擔過重。工作和學習是伴隨人一生的活動，小時候要讀書，長大後要工作，而人們在從事這些活動時所取得的成績是與其能力相對應的，如果個體期望很高，卻不能取得理想的成績，心裡難免就會有落差。如果長期面臨這種情況，內心的焦慮和挫敗感得不到及時清理和正確的發洩，就會越來越壓抑，成績或工作效率也會因此而下降。

了解了壓抑心理的成因，我們就要針對以下幾個方面進行調節，做好心理調適。

1. 為自己列一份簡短的清單。關於任務，我們可以嘗試著替自己制定完成任務的計畫，但切忌貪心，在一份計畫書中如果滿滿的都是你的目標，那就很難按時完成了，無法完成反而會為自己徒增許多壓力。所以，從現在開始，不要貪心，每天堅持做到兩件或三件事即可，一個星期累積下來也不少。

2. 每次只做一件事。如果你試圖在一個時間段內完成多項任務，那是

第三章　心理自助—告別病態心理

不太可能的，不僅做不好，壓力也會很大，注意力也難以集中。所以，當你意識到現在需要做某件事時，那就專心去做，不要企圖用兩隻手端起四個碗。

3. 做不完也不要太苛求。在你的清單裡有那麼兩三件事情是今天的目標，但你發現生活有時候並非如我們預期的那麼順利，會有很多干擾因素。當你因此而受到影響，沒有能夠完成這些任務時，也不要過分苛責自己。你沒做，世界不會毀滅，太陽明天還是會照樣升起，所以，根本沒有必要如此嚴格要求自己。

4. 避開令你壓抑的灰色空間。這裡的灰色空間是指工作、學習和生活的混淆地帶，比如，你在公司沒能及時完成工作，想帶回家處理，或者把家中的負面情緒帶到了辦公室裡，儘管這種情況有時候很難避免，但最好盡量避開，因為它們確實會為你帶來不小的壓力。所以，如果你想克服壓抑心理，遠離壓抑帶來的所有危害，那就要堅決做到下班後不工作，工作時不要再想家中的事情。

5. 充分享受當下。避開了灰色地帶後，千萬不要再去瞻前顧後，心不在焉，這樣就不能做好眼前的事了，比如工作時就好好工作，在家休息時就好好休息，多與家人聊天，盡情享受閒暇時光的輕鬆。也就是說，當你全心全意地投入到你正在做的事時，集中精力進行當下的任務，你會感受到來自心靈深處的愉悅。

6. 早點出門。每天出門上班或上課，大多數人基本上都要經歷一段通勤路程，浪費一段時間在路上，但有的時候交通堵塞，或者你在路上因為買早餐耽誤了時間，這些都有可能導致你遲到，壓力也就在無形中增加了。所以，為了更輕鬆一點，你不妨早點出門，路上的時間雖然有點長，

> 長期壓抑滋生病態心理

但因為時間充裕,你也不至於過於匆忙。試一下,一段時間以後,你肯定會感到壓力減輕了不少。

此外,不妨按照以下建議試著改變一下自己的思維或習慣。

1. 轉變以往看待世界和社會的觀念。這個社會上沒有絕對的好與壞,更沒有絕對的光明或陰暗,所以,不要完美主義,更不能把社會想像得過於美好。你應該允許有一些不公平的現象出現,也應該允許有人天生「命好」,這些外在的因素不應該成為阻礙你變得開心和積極的理由。

2. 全面正確地看待自己。沒有人會比你更了解自己,所以,你應該相信自己的能力,哪怕有人提出質疑和否定,他們並不了解你;此外,你要接受來自身邊的親人和好友的鼓勵和肯定,相信自己可以做得更好,有自信的人是永遠不會落後的。

3. 積極從事富有建設性的活動。壓抑會使人變得沒精神和懶散,你越是任由壓抑發展下去,便越會無精打采,情緒也會更加壓抑。所以,現在不妨立即行動,去做一些可以提升你的積極性的事情,重新想想你的興趣愛好,然後列出一份工作、學習、娛樂、消遣等活動的清單,並在做這些事情時充分享受其中的樂趣,找回自信心。

4. 堅持運動。心理學家發現,很多精神壓抑的患者都會藉助體育活動緩解心理的疲勞感,出了一身汗,渾身上下便會倍感清爽,似乎毛孔全部被開啟了,內心的壓抑感也隨之釋放,可謂獲得了身心的徹底放鬆。所以,如果你還沒有運動的習慣,那不妨從現在開始為自己制定一套鍛鍊身體的計畫,用跑步、散步、騎腳踏車或登山等體育活動趕走焦慮和壓抑的情緒。

5. 開啟心門,擁抱快樂。心理學家已經發現,一個人的行為會影響

其情緒，轉變行為也會順利地轉變情緒。要知道，一個人如果過於封閉自己，總是埋頭於工作和學習，久而久之，勢必會感覺枯燥無味，思維變得遲鈍，心情也愈發沮喪。所以，趕緊改變一下這種工作和學習方式吧，每天除了做這些事之外，其實你還有很多事情可以做，比如和朋友一起聚餐、郊遊、看電影等，這些社交活動不僅會拉近你們之間的關係，還能將你心中的壓抑徹底趕走。

6.回歸大自然。大自然有一種很神奇的力量，比如當一個滿腹心事的人面對高山、大海時，他會頓時釋懷；一個憂心忡忡的人一旦走進叢林，感受那屬於自然界的靜謐時，便會頓覺身心舒暢；有時候哪怕就是那麼一聲鳥鳴，都會令整個人為之一振。所以，如果你感覺很鬱悶時，不妨去公園走走，有條件的話，最好是去田野間走一走，或者在河邊、竹林中待一個小時，將整個身心投入到大自然的懷抱中，這對壓抑心理的調適會產生非常好的作用。

別讓虛榮心膨脹

有調查顯示，超過半數以上的大學生喜歡假冒潮流族群或有錢人，穿的不是香奈兒就是普拉達，大家在追逐名牌的同時，也在不停地談論著各自的品味。但實際上，也有不少大學生反映，其實那些所謂的名牌，愛上網的人都在購物網站上看過，只不過是仿品而已，但總有人將一個一千塊的包包說成是上萬元的名牌包。由此，「愛裝一族」就在校園中盛行開來。

賈某就是「愛裝一族」的成員之一，她經常和室友一起去逛街，有時候買了一件幾百塊錢的衣服，穿出去有人誇好看，她便毫不猶豫地說：「當

然,這件要好幾千塊呢!能不好看嗎?」其實同學們也就是隨口那麼一說,她便當真,還藉機「炫富」了一番。有一次,室友實在看不下去,便當場揭穿了她,兩人因此不再說話。後來,這位愛「炫富」的賈某越來越不討人喜歡,朋友也越來越少了。

有調查發現,在這些「愛裝一族」中,大家「裝」的78%是裝時尚、裝品味,60%是裝有錢,也有部分人是裝有權、裝有文化、裝高雅,甚至裝有關係等等。

調查人員還發現一個家庭經濟狀況不好的學生,每個月的生活費很有限,但他還是省吃儉用,拿這些錢買了一雙名牌鞋。心理學家認為,校園中的這些年輕人,當然也包括社會上的一些青年或中年人,他們對名牌或權勢等的熱衷,其實更多的原因是期望獲得關注和認同,但如果過度了,就有愛慕虛榮的嫌疑。而在這些「愛裝一族」的背後,都有某些因素在作祟,其中多數還是因為虛榮心理和比較心理的作用。

心理學家認為,日常生活中做自我包裝是必要的,但最重要的是要對自身有個準確的定位。一旦走進失誤,就變成了虛榮。所謂虛榮,其實就是被扭曲了的自尊的表現。虛榮心理人人都有,但研究顯示,女性的虛榮心理比男性強烈,是個體為了獲得榮譽和引起關注而呈現出來的一種不正常的社會情感。

在這種虛榮心理的作用下,個體往往為了追求面子,追求外在的華麗,不顧自身的實際條件,甚至還會產生一些比較可怕的動機,對自己以及周圍的人造成嚴重危害。也就是說,虛榮心理作為一種普遍的心理現象,出發點往往是要引起關注,包括追趕時下潮流,但這種虛榮心又不同於名利心。

第三章　心理自助—告別病態心理

名利心理屬於一種競爭意識和行為，是個體希望透過踏實的工作獲得功名的一種心理，在某種意義上，名利心比虛榮心帶有更多的褒義。虛榮心理過盛的人通常追求的是華而不實的排場，喜歡比較，比較浮躁，不能腳踏實地地工作，甚至有自負人格，嫉妒心也很強。可見虛榮心理是一種病態的社會心理，是萬萬要不得的。

有研究指出，虛榮心理的形成不僅與社會環境有關，也與一個人的需求有關。

社會環境因素主要包括社會階層和地位、社會文化等。社會存在著不同的階層，各個階層占有的資源比重各異，這使得部分人對自身擁有的資源不滿足並試圖進入社會高層，占有更多的社會資源，而該目標在受到現實的重創之後，自尊心也在一定程度上受到打擊，為了達到心理平衡，虛榮心理的調節機制便開始啟動了。在社會文化方面，受「出人頭地」、「衣錦還鄉」、「學而優則仕」等觀念的影響較深，部分人會選擇用自我抬高的方式或透過調整形象的方式來展示自己。

個人需求主要包括個體的生理需求、安全需求、歸屬感以及愛的需求等，這些歸結起來其實就是個人在心理上對自尊的錯誤理解，認為要面子就是要外表光鮮或排場足夠大等等，以為有面子才是有自尊。其實這都是對自尊的誤解，及時糾正需求，方能克服虛榮心理。

此外，也有研究發現，虛榮心強的人多在人格上有戲劇化表現，比如性傾向、衝動、善變、裝腔作勢、缺乏真實的情感，他們的情感反應強烈而濃厚；同時，虛榮心理其實也是自卑、心虛等心理缺陷的一種補償效應。

虛榮心理在現實生活中的表現和危害，主要有以下幾種：

1. 物質生活方面。虛榮心理強的人往往追求富足的物質生活，主要表現為一系列比較行為，別人有的自己也要有，而不考慮自身的實際情況，盲目比較的後果是自食其果。

2. 社會生活中的虛榮行為。部分虛榮心強的人喜歡在人前誇耀、炫富，甚至不惜用吹牛、誇大事實、欺騙等手段來展現自己，諸如此類的炫耀行為都屬於病態的虛榮行為。為自己製造一些虛假的光環，活在自我營造的、虛幻的絢麗世界之中，雖然暫時滿足了自己的虛榮心理，但遲早有被揭穿的一天，那時候虛榮者就會失去一切，包括身邊那些所謂的朋友。

3. 精神生活中的虛榮表現。虛榮心強的人大多嫉妒心也很強，在他們眼裡自尊是和面子相關聯的。在社會活動中，透過比較在內心世界中逐步建立起一種無人能夠超越的自我意識，這種自我意識會再次驅使個體與外界進行比較，別人越不如自己，個體的自尊感就越強，覺得越有面子。

他們已經認定了自己是沒有缺點的，所以一旦有人比自己突出，個體就會受挫，產生極其強烈的妒忌心，進而表現出排斥、打擊、挖苦、疏遠，甚至開始與之進行正面較量；另一方面，為了奪回本該屬於自己的「光環」，他們還會在暗中悄悄動手腳。俗話說，紙是包不住火的，事情最終會有敗露的一天，到時候這些人就會眾叛親離。

可見，現實生活中的虛榮心理和行為是必須克服的，因為它不僅威脅到個體自身的生活品質和心理健康，還會對其身邊的人以及社會帶來危害。

心理學家認為，虛榮心理可以透過自我修復完成，即個體自己可以為自己做心理調適，通常情況下，都能夠得到緩解和克服。

第一，全面了解自己，認識虛榮心理。虛榮心理在心理學上屬於一種

性格缺陷，源自對自尊心的錯誤理解。自尊心人人都有，每個人或多或少都有點虛榮，但過度的虛榮往往會對自己以及身邊的人帶來危害。所以，要導正自己的虛榮心。

如果你對自己的能力和程度有過高的評估，喜歡到處炫耀自己的特長，愛班門弄斧，排斥批評，喜歡讚揚，是虛榮；如果你經常在外人面前炫耀那些與自己沾親帶故的有權有勢之人，是虛榮；如果在上司面前阿諛奉承、時時不忘拍馬屁，對同事或下屬又冷眼相對，是虛榮；如果家境不好卻依舊追求時髦和名牌，到處招搖裝闊，是虛榮；如果明知自己有缺點卻還是矢口否認，反將責任全部推給別人，是虛榮；見不得別人比自己好，處處都要力爭上游，也是虛榮……

第二，認清虛榮的危害以及虛榮與自尊之間的差異。虛榮的人大多外強中乾，很少對外界袒露心聲，別人或許早就將他看透，長此以往，不僅沒有了好形象，也會為自己造成沉重的心理負擔，與最初的目標背道而馳。此外，要想克服虛榮，就要正確理解自尊。心理學中的自尊的定義是自我尊重，是個體對自身的社會角色進行自我評估的結果，它主要表現在自我愛護和自我尊重這兩個方面，也有想要他人、群體以及社會尊重自己的願望。

有觀點認為，自尊是一種自我價值感，是個體對自己綜合價值的一種肯定，建立在社會比較、他人比較、自身成敗經歷的自我肯定的基礎之上。因此，弄虛作假等虛榮行為是與自尊相悖的，是一種不自重、不自愛的行為表現。一個人自我價值的實現和肯定不能脫離社會現實的需求，只有建立在社會責任感之上並且正確理解和認識權力、地位以及榮譽內涵，才能真正做到自尊。

真正有自尊的人從來不會掩飾自己的缺點，他們善於取長補短，勇於進行深刻的自我批評，以便更加完善自我，而不會借用身價高、有權力和地位的親友去拉抬自己的身分，更不會誇誇其談，把所有的責任和失敗都歸咎於他人。可見，真正的自尊是在謙虛、真實和積極進取的努力中獲得存在意義的。

第三，調整需求。人類的需求有最基本的生理需求，也有更高層次的精神需求。但我們必須知道，在某些時期和某種條件之下，哪些需求是必需的，是合理的，而哪些需要是多餘的，是不合理的。對於那些多餘的、並不合理的需求不要過分在意，學會知足常樂，由內而外地提升自己。

第四，避免從眾。心理學中有一個「從眾效應」，指的就是跟隨大眾的一種心理和行為表現。但從眾有好也有不好，對於那些負面的潮流和流行應該盡量避開，繞道而行。心理學家發現，虛榮心正是這些不好的負面潮流的消極作用造成的惡化與擴展。譬如，社會上流行一些酒席、婚宴講究排場、等級等等，而虛榮心強的人往往就不願「落伍」，便開始不顧自身經濟條件和家庭狀況，盲目比較，結果不僅勞民傷財，還導致自己負債累累，可謂損人不利己。所以，克服虛榮心理和行為，避免從眾很重要，要站在客觀的角度分析自身狀況，面對現實，從自己的實際情況出發，擺脫從眾心理的負面影響。

精神空虛是誰的錯

彭某是某地方政府的一名處長，現在已經50多歲，家庭圓滿，工作穩定。但最近一年間，他經常覺得人生沒什麼意思，精神時常感到憂鬱，還

第三章　心理自助─告別病態心理

經常失眠,感到空虛無聊,總是不知道自己要做什麼,人生有什麼意義。

年過半百的他喜歡感嘆時光,覺得自己走進了人生的黃昏階段:首先在外貌上,他真心感嘆「歲月是把殺豬刀」,不僅臉上已經布滿了皺紋,連頭髮都花白了,走起路來也很難挺直腰桿,就連身邊的人也開始一個勁兒地叫他「老頭子」、「老先生」,甚至連鄰居家的小孩都喊他「爺爺」了!

彭某覺得很無奈,心中生出無限感慨,又有許多畏懼,無從表達,內心的空虛感也更重了。不僅如此,彭某的身體已經一年不如一年,總覺得身體使不上力,妻子每次都會提醒他說:「你小心點!」這句話聽得他心裡難受,以前從沒聽她這麼提醒過自己,如今幾乎是每天都要重複這句。彭某深知這句話並非多餘,但他就是接受不了。

在工作上,彭某現在雖然還是一個處長,但每次公司在做人事調整時,他都膽顫心驚。他覺得自己是「提拔嫌老,退休嫌早」的尷尬年齡,每天準時上班,要做的不外乎就是借「視察」提點小意見,不提不行,多了又擔心別人嫌煩,於是就開始怠慢下來,三天捕魚,兩天晒網。但這種自由散漫的工作,彭某一下子根本適應不了,心裡便更煩了,越是煩躁,就越是無所適從和空虛。

彭某的變化被老伴看在眼裡,有一次兩人閒聊,老伴便勸他可以去看看心理師,或許有點幫助。於是,彭某走進了一家身心科診所,將自己的情況向心理師敘述了一番。

心理師聽完彭某的自述,認為他的表現屬於心裡空虛,主要是由於精神支柱喪失、錯誤觀念或生活發生變化而引起,主要展現在畏老怕老,對周圍的一切都持懷疑和否定態度,已經達到了神經質的程度,所以他才會出現失眠和精神不振的現象,是一種比較嚴重的病態心理,需要及時、準確地治療,否則將會演變為精神疾病。後來,心理師根據彭某的情況為他制定了一套治療方案,並輔以藥物治療。

精神空虛是誰的錯

心理學家認為,空虛心理其實就是一種百無聊賴、精神世界空白、缺乏信仰和寄託的心理現象,甚至有的人還沉溺於各式各樣的娛樂消遣,打牌、泡酒吧,整天過著花天酒地、醉生夢死般的生活。

導致這種空虛心理出現的主要原因有社會和個人兩大因素。首先在社會方面,一是社會精神支柱的消失。由於社會精神支柱的消失,使得個體暫時失去了社會信仰,失去了正向心理暗示的來源,讓人變得失去進取的動力,而無所適從和茫然。精神支柱能夠給人積極的心理暗示,從而激發人們積極進取,但社會不以人的意志為轉移,理想的社會模式往往被那些捉摸不定的形態所代替,令人難以適應,在這種情況下,個體很容易出現精神支柱崩塌的現象。

二是個人價值被抹殺。如果青少年總是受制於嚴厲的管教,成年人長期得不到社會的認可和肯定,或者年老者不能適應自身的轉變以及子女不願贍養等,都會導致個人價值遭受抹殺。

三是社交模式的畸形轉變。現實生活中,不管是兒童還是青少年,抑或是中年人、老年人,每個人都需要社交,都需要溝通和友誼,並且在交往中要求遵守平等、志趣相投等原則,否則極易造成一方心理上的不平衡。而在如今的社會環境中,由於政治、地位、經濟等方面的懸殊差異,溝通的矛盾不可避免地出現了。

有錢有權的人往往是孤獨的,他們還會把較強的消費意識帶到人際交往中去,造成自身難以與他人建立、維護以往的平等友誼;還有些人會將自己裝扮成一副強者的模樣,自己有難處也不願被外人看見,並羞於啟齒,在聊天談心時也躲躲藏藏,只能把煩惱放在內心深處,孤獨感和空虛感也就越發強烈了。

第三章　心理自助—告別病態心理

其次在個人方面，一是自我貶低較嚴重，自信心匱乏。人們各自生活經歷的不同造成自我評價的高低差異。也許是從小不幸的經歷，父母早逝或離異等問題，都會造成一個人產生自輕自賤的認知評價，認為自己從來都得不到關懷和溫暖，身分低賤，進而加劇了茫然和空虛心理。

二是對社會現實以及人生價值缺乏正確的認知。空虛的人總是對社會有著以偏概全的認知，把個人利益與之對立起來，當個人利益與社會利益發生衝突時，往往忽視社會利益而選擇個人利益。而一旦個人利益得不到滿足時，便感到絕望，甚至萬念俱灰，加劇空虛心理。

三是精神需求難以得到滿足。現代社會中，個體生存的物質需求和生理需求基本上都能夠得到滿足，但社會需求和精神需求往往比較難以滿足。有些人付出了努力，但還是達不到預期的目標，便感到沮喪和絕望，嚴重時還會失去往日的鬥志，變得百無聊賴。

那麼，一個人如果有空虛心理，會出現什麼樣的行為表現呢？這些行為又會導致哪些危害呢？空虛心理的行為表現及危害主要有以下幾點：

1. 否定一切。這種否定行為在青少年族群中比較常見，主要表現為叛逆、怠慢、蠻橫、見異思遷、冷漠等心理現象，不但否定外界的一切，還否定自己。心理學家湯姆·利爾茲認為，兒童在向青少年時期轉化的過程中，對外界的關心已逐漸減弱了，主要的關注轉移到自己的內部世界。此時，向內部轉移是由青少年內在的本能萌動引發，從而落入一種被稱為「暴力性的不安世界」之中，即「否定階段」，在行為上屬於「虛無主義」。

2. 迷失方向。精神空虛、情緒低落、緊張、意志力薄弱的人，缺乏根據自身情況作出決定並採取行動的能力。他們不能把握事物發展的客觀規律，容易受環境的影響，受到某些不良暗示的擺布等，比如很多空虛的人

會選擇酗酒、賭博,甚至開始吸毒等。

3. 空虛心理是一種富貴病。空虛心理多在一些「有錢人」或「富豪」身上出現,因為特殊的家世或身分為他們帶來很多意料之外的煩惱,為了排遣,只好採取在刺激中尋找歡樂的方式。

4. 空虛心理也是混日子的一種表現。空虛心理讓一個人變得隨波逐流,並且得過且過,沒有理想,每天百無聊賴地混日子,不思進取。

可見,空虛心理是一種病態社會心理,需要及時加以調適。心理學家認為,空虛心理如果不是很嚴重,可以自行做一些心理調適;如果比較嚴重,要像本節中的彭某一樣徵求心理師的意見,並按照心理師的建議加以治療。這裡向大家提供一些自我調適的小方法:

1. 客觀、現實地認知社會存在。正確看待社會的多元化和複雜化特徵,看待社會發展的方向要全面,不要以偏概全,要看到主流。也就是說,要認識到社會有積極的一面,也有消極的一面,關鍵在於你怎麼去看,用什麼樣的眼光去看。

2. 加強意志鍛鍊。挫折在所難免,逆境也無法拒絕,我們要學會接受和面對,而不是不堪一擊。所以,在日常生活中要堅持意志力的鍛鍊,提高戰勝失敗和挫折的心理承受力,堅持做到能夠在逆境中成長和成熟。在順境中也不僅僅停留在經濟追求的層次上,而是要更加關注精神富足等更高層次的追求,提升把握自身命運與行為的能力。

3. 學習榜樣人物。日常生活裡,可以多看一些名人傳記類的讀物,以加強自勉,從中體悟生命的奧祕所在,了解現實與理想之間不可避免的差距,化解消極心態,培養積極心態。

4. 用音樂陶冶情操。音樂是舒緩神經的一大利器,具有嚴重空虛心理

第三章　心理自助—告別病態心理

的人可以選擇音樂療法。

5. 積極參加社會活動。積極參與到社會活動中，培養多種多樣的興趣愛好，讓生活不再一成不變，不再單調和乏味，久而久之，便能夠趕走空虛。

慾壑難填為哪般

法國人德尼・狄德羅（Denis Diderot）是 18 世紀歐洲轟轟烈烈的啟蒙運動的代表人物之一，是當時赫赫有名的思想巨人。他才華出眾，編撰出世界首部《科學、美術與工藝百科全書》（*Encyclopedia, or a Systematic Dictionary of the Sciences, Arts and Crafts*），另外在文學、藝術、哲學等領域都有卓著的貢獻。

一次，一個友人贈送給他一件酒紅色的長袍，這件衣服質地精良、做工考究、圖案高雅，深得狄德羅的喜歡。於是，狄德羅便穿上了它，還把之前的舊長袍丟棄了。不久之後，狄德羅身著華貴的長袍在書房裡來回走動，越發覺得周圍的一切都和這件長袍不相配，陳舊的辦公桌讓他覺得不順眼，風格上也格格不入。於是，狄德羅決定把書桌換掉，還叫僕人到市場上買一張與那件長袍相搭配的辦公桌。

新的辦公桌買回來之後，狄德羅開始神氣十足地審視自己的書房，結果馬上又發現了一個問題，那牆上的掛毯看起來很嚇人，針腳太粗了，和這件長袍以及這張辦公桌一點都不搭配，於是他又命僕人換掉了掛毯。但是沒多久，狄德羅又發現椅子、書架、雕像、鬧鐘等擺設似乎都顯得不搭調，狄德羅就一件件換掉，等到差不多將所有的東西都更換了一遍之後，

狄德羅自得極了，他覺得已經擁有這個世界上最豪華、最完美的書房了。

但擅長哲思的狄德羅忽然發現，這一切的起因皆源自那件長袍。「我是被那件袍子給脅迫了啊！」狄德羅幡然醒悟，就因一件長袍，為了使得周圍的事物與它協調，更換了這麼多的物件。後來，狄德羅寫了一篇文章——〈丟掉舊長袍之後的煩惱〉。

兩百年之後，美國人格蘭特‧麥克萊肯（Grant McCracken）讀到這篇文章，他讀後感慨頗多，覺得文章中的故事就是一個很典型的例子。故事揭示的是消費品之間協調統一的文化現象，格蘭特‧麥克萊把這一現象用狄德羅的名字加以命名，稱為「狄德羅效應」。

不過，「狄德羅效應」也具有其更深層次的心理學含義，揭示了人類在潛意識中追求一種一致性的心理，在相互關聯的事物上追求搭配的完美，並且永無止境，所以「狄德羅效應」也叫「搭配效應」，反映的是生活中普遍存在的現象，是人根據自己的能動意識，刻意協調環境、適應環境的一種行為舉動。也就是當人們擁有了一件新的物品後，不斷添置、更換與之相配套的物品，以此來追求並達到心理上的某種滿足感和平衡感的一種現象。

實際上，「狄德羅效應」也向我們揭示出另一種現象，那就是人類的欲望是無止境的，很多煩惱均來自欲望，無欲無望便可無煩惱，但天下的人誰沒有欲望？沒有的時候拚命地想要去追求、去爭取，等到擁有之後就開始不珍惜，還想著更好的，似乎得不到的永遠都是最好的。這就是人類的欲望。俗話說「慾壑難填」，欲望的坑是深不見底的，想要得到的越多，就越加不滿足。

現實生活中，我們追逐尚未擁有的東西，等到擁有之後就想要更好

的，忘記了最初的想法和那些單純的意念，變得難以自足、貪婪、好勝，而隨著欲望的加深，有幾個人是真正感到快樂的呢？所以，合理追求你想要的，得到後就好好珍惜，不要讓那無止境的欲望澆滅了最初的理想。

第四章　心靈殺手
——戰勝憂鬱與強迫

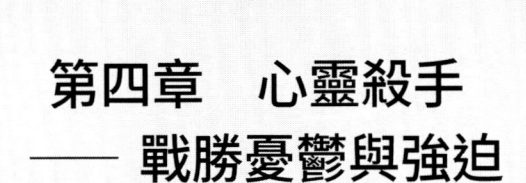

　　本章重點分析憂鬱症和強迫症兩大心理障礙，告訴你引發憂鬱症和強迫症的重要原因以及診斷這類心理障礙的標準。如果你有這方面的傾向或者你正在遭受憂鬱或強迫症的折磨，不妨看看本章為你提供的心理療法，幫助你早日走出困境。

第四章　心靈殺手－戰勝憂鬱與強迫

誰製造了憂鬱「病毒」

在現代社會中，心理疾病已經很普遍了，只是程度不同而已。人類在社會文明的發展下越來越脫離自然的本性，生活節奏加快，精神緊張，資訊量也空前增大，社會關係千變萬化，公平的理念與不公平的社會現象形成巨大反差等等。心理疾病正是在這些複雜的社會現象中逐漸增多並趨於惡化。下面，我們講述兩種最常見的心理疾病——憂鬱症與強迫症。

▶ 憂鬱症患者的表現及病因

憂鬱症是近年來在社會上最為「流行」的一種心理疾病。長期以來，整個社會，甚至是憂鬱症患者都對憂鬱症這種心理疾病持有一種比較片面，甚至是錯誤的看法。一提到憂鬱，大家就會不約而同地想到「喪失上進心」、「個性軟弱」、「自暴自棄」或「自虐」等。

實際上，醫學研究已經證實，憂鬱症其實只是一種由大腦某些異常改變而引發的疾病，患者通常有常人感受不到的痛苦，旁觀者也無法感受其內心的傷痛。有人說憂鬱症是一場「精神重感冒」，也有人說憂鬱症才是真正的精神疾病，因為它會嚴重影響人們的正常生活，比如降低行為能力，改變世界觀，摧毀人際關係等等。總之，患者會變得不再是原來的自己。

憂鬱屬於正常的情緒範疇，在某些能夠引起我們悲傷和痛苦的事件中，大多數人都有過憂鬱的表現和感受，如悲觀失落、對任何事物提不起興趣、避免與任何人發生接觸等。但憂鬱的情緒和憂鬱症是有區別的，有憂鬱情緒的人尚有足夠的自尊和自信，即便處在憂鬱的狀態中，但依然有

行為自制力，沒有異常行為出現；而憂鬱症患者常常對環境不能做出客觀、真實的判斷，發生偏離社會常規的行為，比如情緒持續低落，感覺絕望，對任何事情都失去興趣，不能應對正常的生活和工作，甚至產生結束生命的念頭。

關於憂鬱症的表現，總結如下：

1. 情感症狀：幾乎每時每刻都處在悲傷、空虛、情緒低落的狀態中，對任何事都提不起興趣，失去了生活的樂趣。

2. 生理症狀：行動遲緩，渾身無力，疲勞，緊張，食慾明顯增加或減退，出現睡眠障礙，如失眠或早醒。

3. 心理症狀：過度自責，自我評價降低，嚴重時產生絕望、厭世的念頭，甚至反覆企圖自殺。

4. 認知症狀：記憶力減退，難以集中注意力，思考困難，猶豫不決，難下決定。

以上症狀必須是不間斷地持續至少兩週或兩週以上，並且與平時的表現出現非常明顯的反差。它們組合在一起，會形成一個惡性循環，即感到疲勞時，做事少；而事情做得越少，就越是自責；越自責，情緒就越低落，憂鬱的症狀也就越嚴重，疲勞也會跟著加劇。

很多患上憂鬱症的人也想與之抗爭，僅存的一點求生欲望使他們堅持與病魔鬥爭，有的人贏了，而有的人卻輸了，還有的人是根本不願抗爭，眼睜睜地看著憂鬱將自己吞噬。下面介紹憂鬱症患者的病因和心理變化，幫助你更好地了解憂鬱，了解自己。

有研究發現，大約有16%的人都會在人生的某個階段被憂鬱困擾，受到憂鬱症的侵犯。憂鬱症是一種不少見的心理障礙，素有「精神重感冒」

第四章　心靈殺手—戰勝憂鬱與強迫

之稱；發病的原因至今尚沒有確定的說法，基本都是以顯著而持久的情緒（心境）低落、言語動作減少和思維遲緩為主要的臨床特徵。概括起來，憂鬱症是生理、心理、社會（文化）等因素相互作用的結果。普遍被接受和公認的病因有：

1. 遺傳因素。透過調查研究發現，憂鬱症具有遺傳性，和患者血緣關係越近，患病的機率就越大，比如直系親屬患病的機率就遠遠高於其他親屬。

2. 生理因素。患者體內的去甲腎上腺素、5-羥色胺以及荷爾蒙等生物化學物質出現失衡，因為特定的基因影響，導致整個神經系統的運作失常，晝夜節律也不能正常調節。因而，在憂鬱症的治療過程中，藥物能夠在這個環節上幫助調節。

3. 心理因素。這種心理因素主要展現為情緒的失落、無助感以及自我認知的消極定位。這種感覺有點類似於「習得性無助」，當多次遭受挫折而無法擺脫之後，當事人就會產生一種消極認知，認為自己無論怎麼努力都無濟於事，便乾脆不再做任何掙扎。憂鬱症患者就傾向於這種心理認知，認定自己就是個失敗者，無法控制一切，只能受其擺布，甚至當不好的事情發生時，患者也會將原因歸咎於自己。

4. 社會環境因素。法國社會學家涂爾幹（Emile Durkheim）首次提出引發自殺現象的元凶——社會環境因素。他認為，自殺屬於一種社會行為，受社會環境因素的影響較大，在一定的社會環境下，自殺的機率較為穩定。而心理學家經過一系列研究也發現，某些社會事件，譬如明星自殺，都對自殺率有著非常顯著的影響。此外，當事人遭遇的重大轉折或突發事件都有可能導致憂鬱的出現。

▶ 憂鬱症患者的心理變化

有一個輕度憂鬱症患者，她很積極地向醫生求助，為了防止憂鬱症狀復發和惡化，她一邊進行著自我治療，一邊在醫生的指導下使用藥物緩解病情，持續了四個多月，儘管過程很艱辛，並且剛開始的時候效果也不明顯，但一路堅持下來，她的病情已經好轉。

俗話說「久病成醫」，這個 28 歲的女孩開始研究起了憂鬱症。根據她提供的資訊，結合憂鬱症的主要特徵，這裡總結了一些憂鬱症患者的心理特徵以及心理變化的過程，幫助我們更好地了解憂鬱症患者的心路歷程。這樣才能了解憂鬱症並懂得如何去掌控和調節它。

首先是憂鬱過程中的總體心理感受。

出現身體疲乏的症狀之後，本以為只要好好休息，調整作息時間、恢復睡眠就好了。但沒想到情況越來越糟，每天根本就睡不著，體力也就談不上恢復了。這樣就一直處在疲勞的狀態，提不起精神和興趣做任何事情。有時候實在累得不行，覺得自己昏昏沉沉即將入眠時，突然一個心悸，又驚醒了，然後就長時間地難以入眠。害怕與朋友接觸，簡訊、電話一概不回不接。似乎有個小鬼守在睡眠的大門口，只要睡意來臨，前腳還未踏進去，那個小鬼就會拿著長矛刺過來，睡意就如驚弓之鳥般飛散了。

腦袋裡似乎有一大罐鉛塊，沉沉的，思考也變慢了，說話時連嘴唇都變得不聽話了，胸口彷彿有一把火在燃燒，沒有力氣舉手、抬腿，就連拿個水杯都變得艱難無比，有時候吃飯手明明已經把飯菜送進了嘴巴裡，但卻忘記了咀嚼。很多時候都有自殺的念頭，關鍵時刻總是理智將其扼住。

情緒的低落出現週期性的反覆發作，難受的時候只能衝進洗手間，開啟水龍頭，放聲大哭，然後哭夠了再擦把臉出去，依舊笑臉示人。總是勸

第四章　心靈殺手—戰勝憂鬱與強迫

自己：堅持，再堅持一下就好了！但事實上，這一點用處都沒有，低落的情緒還是時不時地就撲過來。

其次是憂鬱症患者在一天之中的心理變化。

早晨。很多憂鬱症患者很晚入睡，早晨四五點鐘就醒來，或者更早；甚至還有很多人徹夜未眠，早晨也談不上醒來，而是直接從床上痛苦地坐起來，看著外面的天色，陽光燦爛會令人沮喪，天色陰沉更使人難過，然後就不知道自己即將要做什麼，感覺這又將是煎熬的一天，不想上班或不想見人，於是一個念頭閃過：這是最後一天了！

上午。勉強去上班或上學了，但提不起精神，做事也不在狀況內，聽課也聽不進去，沒有效率 —— 煎熬。

中午及午後。好不容易熬過了一個上午，到了下班或下課時間，該吃飯了，但吃飯又是一種煎熬，勉強吃一點；午飯後似乎精神會稍稍好一點，心理上也沒有很多壓力了，這種心理轉變是極其緩慢的，沒有任何外在因素，完全是患者的一種心理感受，早晨起床時的那種生不如死的感覺也漸漸淡化了。

下午至黃昏。下午四五點至黃昏這段時間，精神狀態會很好，身體的疲乏感也稍稍減輕了，對事情也產生了一點興趣，開始想與人交流，並且會主動去找些事情做。

晚上。晚飯後也許是這一天中最好的時候了，似乎所有的陰霾都被驅逐殆盡，交流過程中根本不會被視為憂鬱症患者，簡直與正常人一樣。

睡前。躺在床上之後，開始想很多事情，包括擔心睡不著，害怕明早又會早醒，恐懼早晨醒來之後的心情，拒絕迎來第二天，等等。於是，反反覆復的擔憂和恐懼，焦慮情緒再起，這是第二天憂鬱的前兆。

▎走出憂鬱的陰霾 ▎

▶ 驅除憤怒

有研究發現，憂鬱或許來自當事人對自己的不滿和憤怒。試想，當我們對外界的種種感到不滿甚至憤怒時，卻因為各種條件的限制而無法及時發洩，這個時候有些人就會把這種情緒轉向自己。常常有一些處在憂鬱狀態的人，心中明明很不爽，但不知道該如何表達，也許他們根本不知道自己是對別人憤怒，結果自己就成了被攻擊和貶低的對象。如果這種情況得不到緩解和消除，憂鬱的症狀就會越來越嚴重。

實際上，憤怒只不過是一種情緒。我們在生活中經常要應對很多種情緒，所以它本身並非特別嚴重，只要學會表達和發洩憤怒的方法和途徑就可以了。

關於表達憤怒情緒的途徑，什麼是適當且有效的，這個很關鍵。一般情況下，憤怒不可肆無忌憚地發洩，因為那會傷害到其他的人，但如果只是將這種憤怒壓在心底，它就永遠不會消失，而總是試圖以各種形式爆發出來，比如憂鬱、頭昏等。所以，發洩憤怒情緒要找到一條適當而有效的途徑。

第一，在心裡問問自己：我是否有所期待？究竟希望對方做點什麼？我想透過憤怒來表達什麼？憤怒的背後往往潛藏著某種欲望，我們之所以憤怒，是因為對對方有所期望，而這期望卻與現實有所差異。我們的期望沒有實現，這種落差就導致了憤怒情緒的出現。此時，如果我們表達這種情緒的方式是：劈頭蓋臉地將對方罵一頓，然後轉身走人，對方見我們如此，誰還樂意再順從我們的意願？這其實是與我們最初的期望相悖的。所

第四章　心靈殺手—戰勝憂鬱與強迫

以，當憤怒產生時，不妨將我們最初的期望直接表達出來，和對方進行協調溝通。

第二，再問問自己：我是真的對他感到憤怒了嗎？原因是否正如我所說的？心理學家發現，引發憤怒情緒的對象有時候和憤怒的發洩對象並不一致。也就是說，有時候我們憤怒的真正原因並非如我們自己所說，而是另有來由，但對方卻不幸地成了我們發洩的「代罪羔羊」。

第三，基本的需求和欲望得不到滿足，也會衍生憤怒。我們是對全世界都不滿，還是只對某個人、某件事感到不滿？某個情境或許令我們感到深深的傷痛和無助，但我們會去責備這種情境嗎？如果感覺到周圍沒有人關心你，沒有人愛你，覺得隻身一人、孤獨無依，生活裡沒有快樂和愛的話，發洩憤怒的最好方式是尋找獲得愛與快樂的途徑，而這種憤怒越是發洩，就越是令你痛苦。

第四，憤怒有時候源自愛和感激。這類積極的情感往往也會促使我們產生憤怒的情緒。比如，你因對方的某個舉動而生氣，感到不可遏制的憤怒，但依然能夠感覺到自己仍在愛著對方，那這種憤怒往往是因為愛得深切。此時，應該換個角度表達，將憤怒演變為愛的方式發洩出來。此外，沒有安全感和不自信同樣也會引發憤怒，不妨嘗試使用積極而有效的表達方式，這會提高我們的自尊感。

第五，當我們是因為成為別人憤怒的「代罪羔羊」而感到憤怒時，可以試著問問自己是否一定要接受這種安排，一定要因此而感到難過嗎？答案是不必，這樣你就成不了那隻「代罪羔羊」。

第六，不要用憤怒去掩飾自己受傷的事實。這種方式很特別，但我們受到的內傷也會很大。我們其實不必為了面子一定要去與對方鬥個你死我

活,這種鬥爭所產生的情緒刺激便是憤怒。生活中,無論讓我們感到憤怒的原因是什麼,都不要盲目地將其放大,我們要做的是解決矛盾和問題,而不是一定要在氣勢上獲得勝利。

第七,學會記錄憤怒。可以用一個小本子,把我們在不同情境下所產生的不同程度的憤怒記錄下來,這樣有助於理清憤怒的各種類別,分析在何種情境下適合表達憤怒、如何表達等。有些時候,我們的憤怒只是一時衝動,屬於短暫的憤怒,使用一些小技巧就足以發洩;但也有部分憤怒屬於長期積怨的結果,這就需要嘗試使用不同的方式去解決了,比如直接告訴對方你是因為什麼而生氣的,或者自己尋找一種有效的排解管道,如擠壓橘子、拍打沙包、跑步、在無人的地方大喊大叫等。而不管採取何種形式,都不要運用暴力或者是口頭辱罵,因為這樣不僅不會使憤怒消減,還有可能帶來更多的憤怒和傷害。

第八,當你不想用其他形式發洩憤怒時,不妨拿起你的筆,準備一張紙或一個本子,像記錄各種憤怒時那樣,將對方的種種不是全部寫下來,心裡想像著這是寫給那個使你憤怒的對象的,或者是投給某個媒體的,把內心的憤怒情緒盡可能細緻地發洩在紙上,必要的時候你還可以大聲念出來,直到火氣全消為止。

第九,當憤怒產生時,也不要擔心和害怕,更不能壓抑。憂鬱症患者最忌諱的就是過度壓抑自己,那只會令自己變得更加憂鬱。這時候用合理的方式發洩就行了,比如數數、轉移注意力等。如果你堅持使用有害的方式發洩憤怒,那就另當別論了,此時憤怒或許還會釀成一樁悲劇。

第十,就事論事。令你憤怒的是某件事而不是某個人,這樣去想就會好很多。在憤怒過後,可以試著去分析那些令自己憤怒的真正原因是什

第四章　心靈殺手─戰勝憂鬱與強迫

麼，必要時可以找一個朋友（最好是持中立態度的人），將你心中的感受如實說出來，讓對方幫你分析和清理。當真正找到了那些總是能夠令我們憤怒的源頭時，也就找到了避開憤怒的途徑。同時，還幫助我們將憤怒的能量轉換為重建自我的動力。

總之，及時地排解和表達憤怒有助於心理健康，也是減少憂鬱、降低憂鬱症發病率的有效途徑之一。憤怒情緒的最佳發洩方式要以適合自己為主，也是值得我們每個人去研究的問題之一。需要注意的是，假如在表達憤怒的過程中，你沒有控制好自己，或者因為你的憤怒而對別人造成了傷害的話，也不要過分自責，因為這只會讓你變得更加壓抑，心理學家建議，此時最好的辦法是拿出你剛才憤怒時的魄力來，去向對方道歉。

▶ 勇敢做自己

有研究發現，大部分患有憂鬱症的人都害怕做自己，他們不敢滿足自我的要求，忽略自我價值，處處以他人為中心。所以，要想擺脫憂鬱，有必要重新找回做自己的勇氣。

1. 憂鬱人格的成因和表現

如果你謙虛，願意無私地服從和配合別人，恐懼變成一個獨立的自己，甘願被人擺布，甚至質疑自我的能力，沒有安全感和歸屬感，富有同情心且感同身受，害怕被拋棄，恐懼分離……實質上，以上性格的核心特質就是不敢做自己，不願滿足自我的要求，一味地忽略自己。

強烈的依賴感促使其追求與他人之間最佳的親密感，越是親密無間，他的內心就越安全。如果是戀人，最好是那種「你中有我，我中有你」的感覺。為了追求這種親密感，他會傾盡所有去付出；但一旦距離產生，他

便會感到手足無措，有被拋棄的感覺。這種疏遠和離開對他來說也意味著將要失去，那即將面臨的就是孤獨和落寞。

為了挽回形勢，他會竭盡所能地去依附對方，滿足對方的所有要求，也會透過提供避風港，以給予關愛和照顧的方式，讓對方來依附自己。不管何時何地，只要他能感覺到自己不會被拋棄，就是安全的。遇到雙方意見不一致的情況時，即便他極其不情願，也依舊要維持好「和平」……總之，這種性格特質被心理學家稱為「憂鬱人格」，最顯著的表現就是不敢做真正的自己。

有研究發現，這種人格受孩童時期的環境影響，尤其是受母親的影響居多。一般情況下，母親的兩種言行表現會促使憂鬱人格的形成，一是冷酷的拒絕，二是過分的寵愛。

如果孩子總是遭到母親的殘酷拒絕，那在他的心裡就會產生一種卑微的念頭，認為自己是那麼的多餘，甚至就是一個累贅。他渴望與母親親近，卻一次次地遭到拒絕，內心的罪惡感也就漸漸萌生。即便日後不再做出嘗試，但那種卑微感已經形成，他更傾向將自己包裹起來，把最真的自己封存起來，不再提出要求，只是服從和依附。

如果孩子受到母親的過分寵愛，無論是在精神上還是在生活上，都給予他無微不至的照顧，久而久之，孩子會失去自我發展的機會和能力，也就失去了培養獨立個體的意識，慢慢地就養成了依附的習慣。當然，隨著年齡的成長，尤其在青春期，這種獨立意識會逐漸復甦。在該階段裡，獨立意識會站出來反抗，在反抗的過程中自然會遭到母親的打壓。他也會由此而產生一種負罪感，逃不出母親的寵愛，最終也就不想再逃了。

由此可見，具有憂鬱特質的人格在幼年時期就埋下了根基，以他人的

第四章 心靈殺手—戰勝憂鬱與強迫

需求為主題,認為處處以他人為中心才是最正確的選擇,這種思維模式一直貫穿在他的生活中,最終迷失自我,不敢表達真實的自己。

在愛的相處模式中,憂鬱人格的人愛對方的方式更甚於對方愛自己,也即「我愛你,但這與你無關」,而親密行為才是換取其內心充分的安全感和歸屬感的根源。為了獲取愛,他可以放棄任何東西,包括自己的愛好,時間一長這些愛好連他自己都忘記了。不能集中精力做一件事,也很難記住一些東西,於是就覺得自己不夠聰明,甚至陷入自責。

心理學家發現,這類人表面上沒有任何攻擊性,因為他們幾乎把所有的不滿和憤怒都轉向了自己。他們希望周圍的人開心,但也妒忌那些能夠得到很多東西的人,這種妒忌並不會直接顯露,而是被轉化成道德層面的東西。接觸過這類人的人們都知道,他們常常用十分深邃的目光、憂鬱的眼神,沉默地傳達一種十分隱蔽的攻擊——使對方深感自責。當然,他們是不會忘記懲罰自己的,反覆懲罰自己的後果就是陷入焦慮和憂鬱。

2. 如何嘗試做自己

了解了憂鬱人格產生的原因和表現之後,也就大致清楚了改善這種人格特質的方式。勇敢地表達自己,做真實的自己,大膽地去滿足那些發自內心的需要,不要把別人當作生活的重心,勇於大聲拒絕。

第一,我們要知道,每個人都是一個獨立的個體,任何關係都是建立在相對獨立的基礎上的,沒有任何依附。人類雖然不能擺脫群體過獨居生活,但這並不意味著我們不能獨處,人際關係不是靠依附和順從就能夠長久維繫的。注重自我發展,才是獲取永恆的健康的人際關係的最佳途徑。別人喜歡你,不是因為你為他做了什麼或放棄了什麼,而是認為你是值得喜歡、值得交往的。你獨具個性的人格魅力才是吸引對方與你交往的關鍵。

第二，我們不需要去取悅任何一個人。當你真正獲得獨立意識和獨立人格之後，便會立刻發現，很多人都喜歡獨立的你，而不是那個只懂得一味取悅他人的你。你要為他人著想，這是善解人意，但不能過分放棄自身利益，更不能超越限度。「物極必反」，任何超過限度的事物都會朝著相反的方向發展，結果總是事與願違。

最後，去嘗試一下吧，把以上認知全部化作行為，問問自己「我想要的究竟是什麼？我做這件事是否會得到我想要的？還是只是因為那是別人想要的？」當你意識到那並非你的需求時，果斷地告訴自己：「我不該如此犧牲自我！」當你這樣做了，你會發現，事實上那些真正喜歡你的人並不會因此而離開你，反而更加喜歡你了。假設有人因此離開了你，那只能說明他一直都在利用你，利用你的這種特質去滿足自己的要求。身為一個成年人，你也應該知道，他們並非真正意義上的朋友，走了又何妨？重要的是，你最終會覺得很輕鬆，狀態很好。

▶ 趕走憂鬱的心理練習

練習一：及時做好心理強化，撇開憂鬱偏見

否定自己，這是有憂鬱情緒或患有憂鬱症的人最常見的一種心理狀態。心理學家建議，做好自我強化，有助於緩解這種情緒，幫助憂鬱症患者更好地找回自信。

很多患有憂鬱症的人對憂鬱症有著一定的偏見，這會為自己帶來雙重痛苦，越來越難以面對現實。憂鬱症患者自身的消極情緒和行為甚至還會不斷加劇病情，結果適得其反。要知道，憂鬱的成因有很多，是多種因素綜合作用的結果，而單一事件往往是憂鬱症發病的導火線。所以，在日常

第四章　心靈殺手—戰勝憂鬱與強迫

生活中應該不斷地強化自己的心理狀態，及時強化自己的正向情緒與行為，減少憂鬱的成分，直到症狀最終消失。

1. 堅持進行正常的日常活動

憂鬱症患者並非完全沒辦法工作，如上班、做家事等日常事務依舊可以進行。但如果因為憂鬱停止一切活動，對病情一點好處都沒有，只會增加其無助感和自責感。所以，只要還能堅持就堅持吧，這樣才不會使情緒更加低落。

2. 及時地肯定自己

無論這一天你做過哪些事情，都要及時地給予自己肯定，千萬不能處處為難自己。有條件的話，還可以寫日記，把美好的東西都記在日記裡，堅持每天這樣做，生活便不會枯燥。

3. 盡量避免談起消極的話題

憂鬱最忌諱的就是消極的東西，自己盡量不要提及，周圍有人提及，要立即理智地起身離開。

4. 為自己制定符合實際情況的計畫

睡覺前考慮一下明天的計畫，也可以寫在日記本上，但計畫不要超出你的能力範圍，但也不能過低，能夠為自己增加自信的計畫最好。

練習二：用「軌跡法」回憶幸福往事

有研究發現，如果憂鬱症患者能夠遠離消極情緒，被積極情緒充分感染，會有效地改善低落的情緒，透過自我肯定的具體細節緩解憂鬱症狀。而這種方法就是藉助引導患者喚起一些積極、正面的記憶。

英國醫學研究委員會認知和腦科學小組博士蒂姆・達格利什及其同事

認為,「軌跡法」能夠幫助憂鬱症患者順利地回想起很多美好的事情。這種「軌跡法」原本是人們用以加強記憶的一種方法,即將記憶中的生動畫面和一些具體的標記連結起來。「軌跡」也就是位置或地點,當事人只需要選取一條自己熟悉的路線,再將這條路線中出現的路標按順序記錄下來,在練習記憶的時候就可以把需要記憶的事物依次放在路標處。這樣一來,人們只要能夠回想起那條熟悉的道路上依次出現的標記,就可以順利地記住需要記憶的東西。

同時,他們針對「軌跡法」進行了實驗,透過幫助憂鬱症患者回憶起幸福的往事,進而改善憂鬱情緒。主要方法是:憂鬱症患者需要回想曾經發生過幸福事件的地點,再把需要回憶的東西和類似的地點連結在一起,然後在回想起某些具體的地點時,自然回憶起那些幸福的往事。

實驗的過程中,憂鬱症患者被分成兩組,第一組被要求運用「軌跡法」建立與其記憶有關的連繫;第二組作為參照組,被要求使用「排練法」進行聯想訓練,即依據相似性進行類似記憶的搜尋。這些接受實驗的患者都按照各自的方法進行了回憶,並且盡力地回想起十五種正面的記憶。

結果顯示,運用「軌跡法」聯想幸福往事獲得的正向情緒,要比使用「排練法」的效果更好,憂鬱症患者的情緒也較快地得到了緩解。

練習三:培養正向心態

正向的情緒是幫助憂鬱症患者早日康復的寶貴財富。由此,心理學家呼籲憂鬱症患者要盡己所能地培養樂觀正向的心態。

有研究發現,憂鬱症患者的思維模式一般都有三大特徵,即穩定性、內在性和概括性。穩定性是指,患者總是認為無論自己怎麼努力,事情都已改變不了;內在性是指患者的自責,將很多錯誤的原因都歸咎於自己;

第四章　心靈殺手—戰勝憂鬱與強迫

概括性指的是患者的憂鬱情緒會影響到生活的各方面。但這並不是說，具有以上特質的人就一定是個憂鬱的人。

環境的無助和內心的無望是導致憂鬱的重要原因。容易感到無望的人總是在想著自己即將面臨重大的、無法避免的不幸，自己無法控制，也得不到他人的救助，當不好的事情發生時，他們也總是會得出關於自己的不好的結論，比如「我真沒用，我實在沒有任何價值！」如果這件不好的事情在不久以後和另外一件事有相關，他們也會認為後者是由前者引發的。這些其實都是悲觀者的心態，樂觀的人幾乎不會讓自己陷入憂鬱的情緒。

既然如此，那就從現在起，拿起紙筆記錄下你生活中的好事，然後告訴自己「這件好事也有我的功勞，如果沒有我，說不定還沒有這麼完美」、「這件好事會在將來帶來更多的好事、更多的好運，是我讓這件好事發生的」。相信不久，消極心態就能得以扭轉，並朝著積極的方向發展。

練習四：避開憂鬱的思想錯誤

1970年代，美國賓夕法尼亞大學醫學院精神病學教授亞倫·貝克（Aaron Temkin Beck）組成了一個情緒研究小組，他們由憂鬱症患者的情緒背後的認知入手，進行深入研究，發現患者容易在情緒認知方面出現紊亂，認為當患者在感到憂鬱或焦慮時，其實是在使用一種非邏輯性的、消極的思維模式進行思考，這就不可避免地陷入思想錯誤，採用一種自己打壓自己的方式行動。對此，他們提出了認知療法，以此來幫助患者更好地認識自己，了解自己的思想誤入的禁區，進而更好地改善情緒，找到緩解憂鬱的途徑。

練習五：逃離灰暗領域，尋求希望

患者情緒上的憂鬱感受大部分來自絕望，感覺身處灰暗地帶，難以自

拔，抬頭又尋找不到光明和希望，每一天都會變成煎熬和折磨。樂觀的人為什麼永遠如此開心和積極向上？那是因為他們對自己、對未來有期待，他們看到的永遠都是明媚的天空。所以，引導自己脫離灰暗地帶、看到光明很關鍵。下面是心理學家提出的一些建議：

1. 接受現實，建立正向的自我認知。計畫永遠趕不上變化，別輕易為自己下定論，即便你已經知道自己患上了憂鬱症，也不要擔心和恐懼，要相信自己完全有能力戰勝心理障礙；更不要總是貶低自己，你沒有那麼差，想想從前的你，那麼多優點和吸引人的地方，為了你更好地認識自己，現在就拿出紙筆，一一列出你的優點，記錄下每天發生的幸福的、有趣的事情。經常看看窗外，那些陽光燦爛的日子，難道你不想出去走走嗎？你曾經和愛人（親人、好友、孩子等）一起出遊的日子是那麼快樂和幸福……

2. 告訴你最親近的人。得知自己有了憂鬱傾向或患上了憂鬱症時，千萬不要一個人獨自承擔，坦白地告訴你身邊的人，不要擔心這會影響你們的關係，因為你要相信他也希望你好，向他求助吧！也給自己一個精神依靠，你們一起努力趕走憂鬱，必要時一起去向心理師求助，並積極配合治療，相信不久就會找回從前的自己。

3. 對自己表達理解。你要去了解一些憂鬱的知識，正確認識自己目前所處的狀態。當被憂鬱情緒困擾而不能正常完成任務時，千萬不要責備自己或感到愧疚，對自己好一點，安慰並理解你自己。

4. 為自己創造一個希望。世界很大，有憂鬱症的其實並不是你一個人，它也不是不治之症。很多名人，比如林肯（Abraham Lincoln）、邱吉爾（Winston Churchill）等，他們也都有過憂鬱的經歷，在一段艱辛的與病

第四章　心靈殺手—戰勝憂鬱與強迫

魔抗爭的歷程中,他們不是都獲得了成功嗎?所以你要對自己有信心,給自己一個希望。

練習六:樹立正向信念,做好應對病情反覆的準備

研究發現,在重度憂鬱症患者中有80%的人會面臨病情復發的挑戰,有一半的人憂鬱症發作的次數都在四次或四次以上。因而,如果你是重度憂鬱症患者,首次治療取得了成效後,也不要就此放鬆警惕,既要做好充分的心理準備,又要在復發之前的這段時間內,把自己的生活狀態調整到最好。

1. 積極培養興趣愛好。病情好轉之後,你會感到生活的顏色都變得不一樣了,再也不像以前那麼灰暗了。為了保持這種好狀態,不妨為自己培養一些正向的興趣愛好,多做一些有意義的、正向的事情,讓心情每天都維持在愉悅狀態,自然就把憂鬱的情緒拒之門外了。

2. 繼續維持藥物治療,對未來病情發作的情況做好準備。對於重度憂鬱症患者來說,在病情首次得到控制以後,如果立即停止用藥,憂鬱很可能會很快復發。因為失去了藥物的作用後,身體分泌的神經化學物質不足以維持自身平衡,導致病情出現反覆。因此,千萬不要自行做決定,應該在醫生的許可下停藥。此外,還要努力調整心態,正確認識病情,對將來會出現的病情反覆做好準備,從第一次的發病中總結經驗。

3. 在抗憂鬱的歷程中重新認識自我。有研究顯示,大學生自殺現象的背後潛伏的一個最大的凶手,就是憂鬱。綜合分析該群體的特徵會發現,他們正處在生理和心理的轉變時期,在以往的生活和學習環境中,並未接觸到很多現實問題,那時他們只要關心考試成績就可以了。但在大學時期就不同了,各式各樣的考驗紛至沓來,對於一部分心理脆弱、還沒有做好

轉變準備的大學生來說，情緒上的起伏會更大。

但憂鬱的情緒其實也未必完全是壞事，反倒可以幫助患者迅速看清自我，建立自我一致性，並最終形成「我就是我，原本的我」的認知狀態。因此，經歷過一次抗憂鬱歷程的人就更加應該明白，你就是你，是不一樣的你，為你的人生樹立一個目標，讓真實的你重新擁有美好生活。

匪夷所思的強迫行為

▶「始終如一」的人

生活中其實常常會有這樣一種人：他們幾乎每天吃飯都去同一家餐廳，點同一種飯菜，從未更換過，有時候去吃飯前會告訴自己：今天要換一家餐廳，換一種口味的飯菜，結果到做決定時，又不由自主地選擇了同一家餐廳、同一種飯菜。於是，身邊的人會問：「其他餐廳的菜也挺不錯的，你怎麼不去？」或者：「你老是吃同一個口味的東西，不膩嗎？就算你覺得不膩，但也要講求營養均衡啊！」但他們就是喜歡，只要那家餐廳還在，他們就可以永遠堅持下去。

不只是吃飯，平時逛街他們也會去同一個地方，去固定的幾家服裝店選衣服，款式也是千年不變的樣子。如果這家店裡剛好還有鞋子、包包、圍巾等，那他們會全部在這家店買了。周圍的朋友又感到奇怪了：

「你怎麼不去別家看看？最近出了很多新款式呢！」但他們還是搖搖頭：「懶得去，我就是喜歡這家的。」更誇張的是，他們會一個星期堅持每天穿同一件衣服，同事們感到詫異：「這也太誇張了吧！」其實，他們只是

第四章　心靈殺手—戰勝憂鬱與強迫

在不知不覺中就買了五套同一種款式、同一種顏色的衣服，然後在一週裡輪換著穿。

對於以上情況，有人很難理解，喜歡一樣東西就必須堅持那麼久嗎？何況在現代社會，每天都有不同的、各式各樣的新鮮事物出現，連飯菜都是要常常改變花樣顧客才喜歡呢，衣服的款式就更不用說了。但他們為什麼就能夠這樣「始終如一」？

事實上，這是強迫傾向的一種表現。心理學家認為，每個人其實都會有不同程度的強迫傾向，在對外界環境的適應過程中，內心總有個聲音在說「要這樣，別那樣」，或者「你應該這樣」。而在現實生活中，有些人明明已經走到了樓下的公車站，卻還是一直檢視自己是否忘記帶手機和鑰匙了，或者直接返回去檢視大門是否已鎖好，窗戶是否已關好，瓦斯是否已徹底關閉等等。

有研究發現，如果有一堆雜亂無章的紙屑擺在有強迫傾向的人面前，他會變得焦慮不安，沒有辦法專心做事，一定要將其按順序排好放置後，才稍稍安下心來。以上其實都是具有強迫傾向的人的行為表現，程度輕微、持續的時間也不長，不會引起嚴重的情緒障礙，均屬於正常的行為表現，而非真正患上了強迫症。

生活中類似的現象還有很多，比如有的作家進行創作，非要有一包巧克力和一罐啤酒的陪伴，必須要戴上耳機，讓耳邊縈繞著曼妙的旋律，以上條件缺一不可，完美具備了就會文思泉湧，靈感無限；有的上班族一坐在電腦前就打瞌睡，一天中一定要喝上一杯拿鐵，才能神采奕奕……實際上，這些看似一個人的習慣，其實都是一種強迫思維，一種心理上的強迫性依賴。

匪夷所思的強迫行為

▶ 你有沒有手機強迫症？

有很多研究機構紛紛針對手機進行了研究，結果發現它除了具備眾人皆知的強大的通訊功能以外，還在一步步地威脅著人類的生活品質和身體健康狀況。此話怎講？

原來，根據英國的一家調查機構提供的資料顯示，已有60％的年輕人和37％的成年人表現為「對手機高度上癮」；其中有60％以上的智慧型手機使用者，即便在睡覺時也要拿著手機玩一陣子才能入睡，30％以上的智慧型手機使用者會在外出時不斷地檢視自己的手機。他們對智慧型手機的依賴度和需求程度已促使他們認為：離開了手機，他們就會與世界（包括親朋好友）失去一切連繫。而美國的一項研究也指出，每一個智慧型手機使用者平均每天都必須檢視手機34次，頻率最高時可達每十分鐘檢視一次。

這就是所謂的「智慧型手機強迫症」。那些擁有智慧型手機的使用者經常會下意識地開啟螢幕、檢視訊息、刷社群網站或玩遊戲等，但每次檢視手機都不會超過30秒，期間僅僅是解鎖，再開啟手機裡的某一個應用程式，然後再關閉螢幕而已。

心理學家研究發現，如果人類過度地依賴智慧型手機，久而久之，會降低其思考能力和思考動力；與此同時，還將漸漸喪失利用休閒時間放鬆身心的意識。尤其是在如今智慧型手機強大功能的誘惑下，曾經的書本全部變成了電子書，瀏覽網頁、聊天、看電影、網路購物等，也都變成隨時隨地可以進行的活動了。只要有 Wi-Fi 存在的地方，智慧型手機的強大功能就從未被忽視過。

但這些強大功能的誘惑力卻促使人們漸漸忽略了自身健康，將玩手機

第四章　心靈殺手—戰勝憂鬱與強迫

誤認為是放鬆身心的方式之一，卻不知道長時間盯著手機螢幕會使眼睛痠脹，產生頸部、手臂肌肉的疲勞，甚至受損。也許會有人認為，反正一時半刻還睡不著，玩玩手機說不定就容易入睡了，但殊不知越玩手機就越難以進入深度睡眠，導致入睡時間延長，嚴重的情況則是導致輕度神經衰弱。因此，為了健康著想，還是應該離智慧型手機遠一點。

有心理學家研究指出，沉迷手機、具有手機強迫傾向的人其實是因為內心缺乏安全感。智慧型手機是現代科技發展的必然產物，代表著科技發展方向，但它在帶給人類正面影響的同時，不可避免地會產生負面作用。沉迷在手機世界裡的大多數年輕人，都會忽略身邊的很多人與事，導致人與人之間的正面溝通和交流減少，反而是網路交流更多了。從心理學的角度看，這種完全沉浸於網路和手機構成的虛擬世界中，同那種反覆翻看手機的表現，其心理實質是一樣的，即內心缺乏安全感，表現為情緒上的焦慮不安。

在心理學中，強迫症的主要表現是：明知沒有必要這樣做，可就是沒有辦法控制。有智慧型手機強迫傾向的人或許根本就不知道自己在如此頻繁地使用手機，或者他們大多知道自己沒有必要總是檢視手機，但有些時候就是沒有辦法控制，看起來儼然成了一種下意識的習慣。當然，這裡面並不排除有虛榮心理的作用，比如在人人都玩著手機的場合。以上更多的是為了滿足心理的需求，而非真正意義上的強迫症。

▶ 晚睡強迫症

在心理學上，晚睡強迫症是因受到強迫思維的困擾而難以入眠；同時它也是睡眠障礙的一種，如果站在健康的角度來看，它和手機強迫症一樣影響人體健康。

> 匪夷所思的強迫行為

　　有晚睡強迫症的人是對睡眠有恐懼感，或者是在睡前產生強烈的興奮感，生活中會有反覆強迫「不睡」的思想觀念，也帶有輕度焦慮。不過，這類人的行為能力並未出現下降的情況，而且自制力也非常好，更多的是知道自己應該睡了，不然會很痛苦，但就是無法擺脫焦慮或難以抑制神經上的興奮狀態，最終導致遲遲無法入睡。

　　比較典型的表現是，明明已經很累了，但還是要堅持打電動或逛網站，有的人是看書、看電影等，沒有什麼重要的事情，但就是不願睡覺。心理學家將其視為「拖延症」的一種。常見的症狀有：

　　1. 白天忙著工作，晚上忙著「放鬆」。對於上班族而言，白天在公司忙著工作，就盼著早點回家好好放鬆一番，但晚上的時間往往並不足以讓他們徹底放鬆，比如吃飯、上網、洗澡、打電動等，一放鬆就到了凌晨一點或兩點，直到實在撐不住了，才不得不睡覺。第二天在鬧鐘聲中再次開始一天的工作生活，雙眼都是血絲，每次想睡覺的時候都警告自己「今晚一定得早點睡了」，但一到晚上還是不由自主地「放鬆」到一兩點。

　　2. 12 點之前無精打采，12 點之後神采奕奕。也有不少人會在 12 點之前感到疲憊，覺得做什麼事情都沒有效率，比如有些從事文字工作的人，但只要到了某個時間段，他們做事就會效率加倍。於是，在最睏的時候他們往往強迫自己不要睡覺，而在最應該休息的時間段又倍感精神；但實際上，他們白天也有工作，夜裡要忙到三四點，早上還是要準時起床上班，如此循環，使他們越來越疲憊。好多次白天睏意襲來時，也非常後悔自己睡得太晚了，但當天晚上他們還是無法控制自己。

　　3. 「夜貓子」生活成為習慣。工作、生活所迫，為了緩解壓力、打發時間等種種因素，導致現代年輕人養成了晚睡的習慣。心理學家認為，當

第四章　心靈殺手─戰勝憂鬱與強迫

熬夜變成了習以為常的事情，人們非要等到身體支撐不住時才依依不捨地入睡，這其實正是強迫症的一種表現。

從身體健康的角度分析，不規律的睡眠習慣實在有害健康，由此引發的一系列心理壓力也會導致人的免疫力降低，內分泌失調，容易被感冒襲擊，患上腸胃感染等疾病。此外，長期熬夜還會導致失眠、健忘、焦慮、易怒等症狀。

美國國家健康研究中心指出，熬夜是向自己的健康進行的一場賒債賭博，而籌碼就是人們的睡眠。那麼，晚睡究竟會給人帶來哪些傷害呢？

心理學家指出，睡眠是僅次於健康飲食與運動訓練的直接影響人體健康及壽命的一大關鍵因素。有時候也許僅僅是多睡了一個小時，我們得到的並不只是更加充沛的工作精力，還有挽救我們生命的機會。生理時鐘研究專家發現，睡眠的不足會積聚累加，最終導致健康系統崩潰，有些癌症和肥胖症其實都與晚睡有關係。長期熬夜的人和早睡早起的人相比，前者比後者患癌症的機率要高出好幾倍。因為熬夜使睡眠節奏發生紊亂，影響了細胞的正常分裂，進而促使細胞突變，產生癌細胞。

對於強迫症的診治，專家建議的方案是「暴露不反應」，譬如讓一個有潔癖的人去觸碰髒東西，不讓他洗手，由此衍生的焦慮情緒會在半個小時後自然消失。在這個方法中，你可以學到一些改變強迫行為習慣的小技巧。

1. 試著和自己說話。如果晚上到了睡覺的時間，你明明知道確實可以睡覺了，並且身體和大腦也在警告說：「該休息了！」但依舊有另外一個聲音在吶喊：「不能睡，你還要去看看通訊軟體裡是否有訊息……」或者「再等等，你還可以再逛逛論壇……」此時，你應該清楚地知道：這是強迫症，晚睡強迫症正在迫使你進行強迫性思考。

於是，試著和自己說話：「這不是我的本意，我不能讓強迫症左右我

的睡眠時間。」如此一來，便可以增強你對強迫思想與行為的抵抗。需要注意的是，這種方法要長期進行，因為強迫症往往是人的心理問題，一次兩次是不能徹底解決的。

2. 轉移注意力，加強抵抗。如果你知道自己的某些行為屬於強迫症狀，可以先把焦點轉移到別的事情上去，哪怕是短暫的幾分鐘也可以。然後再找到特定的對抗方式，比如在睡前喝杯熱牛奶、洗個熱水澡等，只要是有助於促進睡眠的方法均可，關鍵是要適合自己。

當你即將昏昏入睡，大腦又開始說「不能睡」時，一定要冷靜地告誡自己，那是強迫症在作祟。你可以將它視為你堅決要反抗的對象，它的話或指令，你堅決不能接受，否則你就會變成它的奴隸。

持續堅持採取以上方法，終會迎來勝利的一天。心理學家認為，當你意識到強迫症的存在並堅持與之抗爭時，就意味著你已經接納了強迫症，接下來最好是輕視它。告訴自己：那只是一個可笑的想法，我怎麼可能不睡？太可笑了，你以為這樣就可以強迫我嗎？當你一天天堅持下來，慢慢地就會發現自身行為的改變，進而逐漸恢復到比較正常的作息時間。

解讀「強迫症」

▶ 強迫症及其臨床表現

讀到這裡，我們已經對生活中的強迫行為有了一定的了解。不管是始終如一的選擇，還是手機強迫症、晚睡強迫症，都是日常生活中較為廣泛的說法。那在心理學上，嚴格意義上的強迫症是什麼呢？

第四章　心靈殺手—戰勝憂鬱與強迫

有一位鄒姓中年男子，他最近迫不得已前去求助心理師，並向醫生講述了一些關於自己的強迫表現。他說自己在做事情時總是猶豫不決，一個決定必須前前後後、反覆思考幾十遍，才能下決心，有時候甚至還需要更長的時間。有些念頭在他的腦子裡反覆出現，明知沒有必要，卻總是不由自主地去想。

對此，近兩年來他都感覺特別痛苦。工作時經常會因為腦子裡忽然冒出來的念頭而分散注意力，總要把這個念頭徹底打消，才有心思工作，為此他沒少被批評，甚至炒魷魚。最近準備報考研究所，他拿起書本來回回看了半天，一個字都沒記住，而那些不該記的他卻記得非常牢固，為此他常常自責，十分焦慮不安。

有一次，他在公車上不小心踩到了一位年過六旬的老人的腳，深感愧疚，一遍遍地說對不起，老人表示沒關係，但他還是在距離老人下車地點兩站的地方下車，四處尋找老人，後悔自己道歉不夠有誠意，應該買點東西到對方家裡誠懇致歉，越是這樣想，心裡就越是難以平靜……

還有很多次，他在新聞上看到瓦斯氣爆、大橋斷裂的事故，於是他就開始天天擔心自家瓦斯氣爆，為此他得反覆檢查瓦斯，看開關是否關好，有時候明明瓦斯已經關了，他睡到半夜還是要起身檢視，反反覆覆檢查；走在大橋上時，他會想大橋突然斷裂的場景，自己是直接墜落而亡，還是會被一輛疾駛而過的轎車給撞到……

這些想法讓他在過橋時膽顫心驚，常常佇立不前，目光呆滯……還有一次，他在公司樓梯間裡不小心碰掉了一塊瓷磚，為此他耿耿於懷，心心念念想尋找那塊瓷磚的主人。為此，他還在公司內張貼啟事，說自己碰掉了一塊長21.5公分、寬19.8公分、厚2.6公分的瓷磚，還在啟事中說自己不是有意的，希望得到諒解等。後來警衛告訴他：「瓷磚屬於大樓管

理，現已經修理好，請不必放在心上，下回注意就好。」他對警衛千恩萬謝……醫生經診斷認為，鄒先生的一系列行為表現均屬於強迫症狀。

強迫症是一種以強迫症狀為主要臨床表現的精神官能症，如強迫觀念和強迫行為，患者一般都能夠意識到該觀念或行為的不必要，但卻不能自控，即有意識的自我強迫和反強迫兩者並存，當兩者發生衝突時，患者就會感到異常焦慮和痛苦。全球約有 2% 至 3% 的人口受到強迫症所困擾，半數以上的患者在 20 歲前就出現症狀。

那麼，強迫症究竟有哪些臨床表現呢？有強迫觀念、強迫思維、強迫情緒、強迫意向以及強迫行為與行為等基本症狀表現，有時候是以其中的某一種為主或幾種並存。

1. 以強迫觀念和強迫思維為主。比如強迫懷疑、強迫聯想、強迫回憶、強迫窮思竭慮等。強迫懷疑，是指患者對自身言行的正確性產生了懷疑並反覆求證，即便心中明知沒有必要，但依舊難以擺脫此類行為，比如在簽名時反覆檢查是否出錯，遞交上去後還是憂心忡忡，甚至要求拿回來檢查等；在填寫帳號時也對一連串的數字沒有信心，生怕寫錯等。強迫聯想，是指患者在看到某一句話或一個詞語時，腦海中產生了一種觀念，便不自主地聯想到另外一些句子、詞語或觀念。強迫回憶，是指患者對經歷過的一些事件念念不忘，並在大腦中反覆上演，難以擺脫，尤其是對某些恐怖畫面的反覆回憶，會增加患者的焦慮。強迫窮思竭慮，是指患者對生活中的某些常見現象進行類似於追根究柢的追問，反覆思考根源，明知毫無意義，卻忍不住。

2. 強迫情緒是患者產生的一些沒有必要的情緒反應，比如擔憂和反感，甚至是厭惡等。

第四章　心靈殺手—戰勝憂鬱與強迫

3. 強迫意向是患者在內心產生的一種對違背自己意願的行為和動作的強烈心理衝動，明知沒有任何必要，卻依舊難以自持。

4. 強迫動作與行為是由患者的強迫觀念引起的一種不受控制的順應行為，希望能夠減輕強迫觀念引發的焦慮情緒，比如強迫檢查、強迫詢問、反覆清洗、強迫性儀式動作等，像我們常說的出門前反覆鎖門，觸碰過不乾淨東西後反覆洗手等。強迫儀式性動作或行為還會導致動作遲緩，比如有的患者會在閱讀時反覆閱讀某頁的第一行，導致難以往下閱讀等。

當然，這裡始終強調的一點是，患者明知某些行為沒有必要，但卻難以自控，這說明患者對自己的強迫症狀有一定的認知，即患者能夠意識到強迫觀念和衝動是源自自我，而並非外界。

強迫症其實是以強迫觀念和強迫行為為主要特徵的精神官能症，臨床類型分為強迫觀念和強迫行為兩大類。而強迫觀念是強迫症最常見，也是最核心的主導症狀，幾乎每一位患者都有強迫觀念，由觀念進而衍生出許多強迫行為。

了解了強迫症的臨床表現，我們很有必要對強迫症的診斷標準做一下了解。根據精神疾病診斷與統計手冊（DSM），確診強迫症需要符合以下條件：

一、出現強迫觀念、強迫行為或兩者兼具：

強迫觀念定義如下：

1. 持續且反覆出現一些想法、衝動或影像，在困擾的症狀干擾時，有時個案感受是侵入的、不想要的，大部分個案會因此感到明顯的焦慮或痛苦。

2. 個案企圖忽略或壓抑此種想法、衝動或影像，或試圖以其他的想法

或行動抵銷它們（例如做出強迫行為）。

強迫行為定義如下：

1. 重複的行為或心智活動，個案必須回應強迫思考或根據某些必須遵守的規則來強迫做出這些動作。

2. 這些行為或心智活動是為了防止或減少焦慮的痛苦，或預防發生可怕的事件，但這些行為或心智活動與要抵消或預防的現實狀況是不符合的，或是過度的。

二、強迫思考行為是費時的（例如每天超過 1 小時），或引起顯著的苦惱或社交、工作等其他重要領域功能受損。

三、強迫症無法歸因於某物質，如濫用的藥物等，或另一身體疾病所產生的生理效應。

四、此困擾無法以另一精神疾病的症狀做更好的解釋。

▶ 強迫症病因何在

關於強迫症的發病原因，現有研究還不足以下定論，但實際上已有大量事實證明，強迫症與患者的個性特徵、遺傳因素、生活中的不良習慣、應激事件等均有很大關係，特別是在個性特徵方面，強迫症患者中絕大多數人都有完美主義人格，主要表現為：沉默內斂、優柔寡斷、小心謹慎、墨守成規、追求完美等。正因為有這些個性因素作為基礎，具有完美主義人格的族群就成了強迫症的高風險族群，但也有部分患者並不具備這類性格特徵。

除了性格，還有遺傳因素。有研究發現，在強迫症患者的直系親屬

中，焦慮障礙發病的機率要明顯高於對照組，但患強迫症的機率並不比對照組高。如果把患者的直系親屬中具有強迫症狀但並未達到強迫症診斷標準的人包含在內的話，則患者組父母的強迫症狀危險率為 15.6%，明顯高於對照組。而強迫症患者的親屬中，患有焦慮障礙、強迫性人格障礙等疾病的機率也要明顯高於對照組。這一系列的研究均為強迫症的遺傳性提供了根據。

另外，還包括社會心理因素的作用。如生活和工作環境的變動，要求當事人迅速適應，處境艱難，當事人擔心遭遇意外以及生活中的種種應激事件的刺激等，這些會促使患者將焦慮情緒和某一特定的心理事件關聯起來，並做出一些儀式行為以緩解該情緒，進而導致一系列儀式動作的重複，循環往復的強迫行為就形成了。某些思維與觀念原是為了緩解焦慮而生，但最終卻導致認知方面的強迫觀念。

破除「強迫魔咒」

一旦確診為強迫症，就要積極進行治療。在治療方面要考慮藥物治療和心理治療兩大途徑。藥物治療需要遵照醫囑進行，本節中，我們主要就心理治療進行具體探討。

心理治療指的是臨床醫師在語言或非語言方面和患者之間建立一種良好的醫病關係，然後再運用相關心理學和醫學的知識引導患者克服和糾正一些不良的生活習慣、情緒障礙、認知偏見等。心理治療一方面要依靠醫師，而更多的還是要依靠患者自身進行積極的心理調節。這裡需要注意，強迫症狀和強迫症並非一個概念，前者病情較輕，並不需要藥物治療，而

後者相對嚴重。而不管病情是輕是重，心理治療都是其中不可或缺的關鍵環節。在這一點上，你也可以學著做自己的心理師，積極地為自己進行心理疏導。

▶ 克服強迫症的暴露療法

暴露療法也被稱為滿灌療法，要求患者具備較為堅強的意志力、迫切求治的動力。在方法正確並具備堅持不懈的信心與決心的前提下，有望不使用藥物治療，並且效果良好，有根治的可能性。

暴露療法一般是採用想像或者是模擬的形式，讓患者直接進入一種令他們感到恐懼和焦慮的現實或類似的場景之中，這樣就可以直接與導致他們感到恐懼和焦慮的對象進行正面接觸了。接下來就要做到「不逃避」，堅持一段時間之後，這種恐懼感與焦慮感就會自行消退。比如，患者可以運用想像的方式在大腦中不斷上演某種令自己感到極度恐懼的場面，此時還可以配合外界黑暗環境、恐怖聲音的刺激等，以加強這種恐懼感的感受。

患者在這個過程中，不管有多麼焦慮和恐懼，都不能做出摀耳朵、閉眼睛、大聲喊叫、反覆清洗等強迫行為。當最恐懼的事情逐漸淡化，情況轉好後，患者的焦慮感和恐懼感也就隨之消失了。患者會在這個過程中逐漸學會控制強迫行為，並對強迫行為逐一加以克服，漸漸消除在中斷強迫行為時出現的心理不適症狀。具體步驟如下：

1. 患者自身必須深刻了解強迫症的想法和行為。選擇一種強迫行為，然後認真回顧這種強迫行為發生的全過程，再加以想像，如果自行對強迫行為加以控制，內心會產生什麼樣的不安以及要如何忍耐，阻止這種強迫

第四章　心靈殺手—戰勝憂鬱與強迫

行為的重複出現。這個過程可以幫助患者了解自己當下的困擾主要是來自強迫觀念還是強迫行為。該過程要堅持至少半個小時以上，剛開始時，可以選擇強迫行為中程度較輕的行為，然後再逐漸加大程度。

2. 患者與自己對話。告訴自己：「這並不是我自己，而是強迫症在作怪！」意識到那些強迫觀念是沒有絲毫意義可言的，是大腦發出的錯誤訊號。此外，患者需要對反覆檢查、清洗等行為為何有著巨大的行為驅動力做深刻的理解，如果心中明明知道「反覆檢查沒有必要」或「根本不需要洗那麼多次手」，那為什麼還要聽從大腦的指令呢？對這些原因進行深刻剖析，意識到自己無法擺脫的根本原因，便能夠促使患者增強意志力以及強化對強迫行為的抵抗力。

3. 嘗試轉移注意力。當患者想像自己正身處某種強迫行為中時，可以嘗試著用轉移注意力的方法中斷強迫行為的實施。別小看了轉移注意力的作用，哪怕是短短的幾分鐘，都會產生非凡的意義。患者可以選擇某種特定的行為代替強迫性洗手或反覆檢查行為，比如跑步、上網、看電影、聽音樂、看書等，這種特定的行為必須是自己比較感興趣的。

在該階段中，患者可以為自己制定一些規則。心理學家建議，採取15分鐘法則，即當強迫觀念出現時，等待15分鐘後再做反應。開始嘗試時可以給自己5分鐘的時間，5分鐘後再去做強迫性洗手或反覆檢查行為的代替行為，如聽音樂、跑步等。而在這5分鐘的時間內，患者的大腦中要重複前兩個步驟的內容，5分鐘一到，就開始去做聽音樂、跑步等令自己感興趣的代替行為。

5分鐘是剛開始時候的訓練目標，一段時間以後可以漸漸地向15分鐘靠近，隨著不斷地訓練，你會發現時間也在逐漸延長，慢慢向20分鐘和

30分鐘趨近。在這個階段，患者一定不要去做大腦強迫你做的事情，而是堅定地做自己選擇的事情，強迫性衝動會因為你的延遲而逐漸降低，直至消失。

此外，還要養成記錄的習慣，將自己每一次的成績都記錄下來，看看有沒有進步。如果出現退步現象也不用著急，切忌再去追求完美，給自己多一點鼓勵，哪怕只有一點點的進步也要給自己一定的獎勵。這樣有助於克服訓練初期出現的不良心態，樹立自信心，並且幫助自己清楚地了解自己取得的成就，成就越多就意味著成效越大，信心越足。

在以上三個步驟中，第一步是患者根據現有強迫症的知識，認清自身行為的本質──是一種心理疾病，是大腦發出的錯誤指令，進而認知到自己不應該服從，加強對強迫行為的抵抗。然後在「轉移注意力」的訓練中，患者就可以做到延遲強迫行為的發生，並以某個特定的活動代替它，最終達到降低強迫性觀念和強迫性衝動強度的目的。

▶ 接納療法 ── 阻止迴避行為

強迫症患者應該深刻意識到自己的強迫觀念和行為是強迫症狀，想要克服強迫症，必須消除對強迫症狀的緊張、焦慮和恐懼之感，要擺脫和成功抵禦強迫觀念的影響。「順其自然」的接納療法就是為了幫助患者打破強迫症的惡性循環而設計的。

心理學家認為，強迫症之所以出現，是因為患者在與強迫症狀做對抗，不允許它們出現，這其實是在反覆暗示自己產生了強迫症狀。此時，患者表面上是在強迫自己「不強迫」，但其實卻是在強迫自己去「強迫」。因此，專家建議強迫症患者要對自己的一些症狀採取「不理會」、「不害

怕」、「不反抗」的態度，然後順其自然地去接納症狀的存在，進而重塑個性，樹立自信心，培養良好的心理狀態，改善人格結構，用正向、果敢、樂觀的思維方式應對一切。

順其自然的接納療法和暴露療法是兩種近乎相反的方式。暴露療法要求患者在強迫症狀出現時採取延遲糾正的方式，用特定活動替代強迫行為，達到阻斷強迫行為實施的目的；而順其自然的接納療法，是需要患者及其家屬接受強迫症狀，不抵抗，極度焦慮時也不要與強迫症狀過分對抗。患者可以去做，一旦焦慮得以緩解，要馬上從事別的活動，以此轉移注意力，反覆多次，強迫症狀就會得到有效改善。

暴露療法和接納療法的共通之處是，患者必須找到適合自己的、富有建設性的活動方案，最好是自己感興趣的事情，以此代替強迫行為。在接納療法中，患者不僅要在強迫行為停止後立即從事替代行為，還要在平時多做有意義、有利於培養自信心的事情，拓展興趣愛好，在生活中感受美好，訓練自己勇於面對困境的心態，培養解決問題而非逃避問題的能力。

▶ 鬆弛療法 ── 讓身體改變情緒

心理學家認為，一個人的心情主要反映在「情緒」和「身體」上面，如果能夠做到改變「軀體」狀態，那麼「情緒」也會隨之改變。「軀體」的反應受自主神經系統控制的「內臟內分泌系統」的影響，這一過程很難被隨意操控。但它還受到隨意神經系統控制的「隨意肌反應」的影響，而後者是完全可以透過人們的意念加以控制的。換句話說，人們可以透過意識控制「隨意肌系統」，然後再間接地操縱「情緒」，進而達到借「軀體」控制「情緒」，喚起輕鬆、愉悅心情的目標。這就是鬆弛療法的基本原理。

1. 肌肉放鬆法

最好能有一間明亮、舒適的房間，患者坐在一張單人沙發上，或者其他比較舒適的椅子上，依次按照以下步驟進行訓練：

(1) 深吸一口氣，盡力保持約 15 秒；然後緩慢地吐出氣流，停頓片刻，再重復以上動作 2 次。

(2) 伸出雙臂、握緊拳頭，注意感受手上的力量，用力握緊，維持 15 秒，然後再放鬆，徹底攤開手掌，好好享受一下放鬆之後的感覺，比如輕鬆或溫暖等。這些其實都是你放鬆之後的身心狀態。享受一番後，停頓一下，將以上練習再做一次。

(3) 接下來，漸漸將你的雙臂徹底放鬆下來，盡量達到最佳的放鬆狀態，再用力彎曲並繃緊雙臂肌肉，保持大約 15 秒，保持的過程中感受一下雙臂肌肉的緊繃感；接著，就開始緩慢地放鬆下來，直到恢復最初的放鬆狀態，這時候要好好享受一下放鬆之後的感覺，和剛才的緊張做一下對比。停頓一下子之後，將該訓練再做一次。

(4) 做完了雙臂的放鬆練習，下面就是雙腳的練習了。首先，將你的雙腳放鬆，找到最佳的放鬆狀態，接著，再慢慢緊繃起來，腳趾緊扣地面，用力扣緊，保持大約 15 秒，感受該過程中的肌肉緊繃感；之後再漸漸地放鬆雙腳，直到恢復最初的放鬆狀態，享受緊繃過後的鬆弛。停頓一下，將該練習重複一次。

(5) 雙腳放鬆練習做完，接著做小腿部位的放鬆練習。先將腳尖盡量向上翹起，腳後跟隨之壓緊地面，小腿部位肌肉緊繃，保持該姿勢大約 15 秒，感受一下小腿肌肉緊繃的感覺；之後再漸漸放鬆下來，直到恢復原來的放鬆狀態，仔細感受緊繃感之後的輕鬆。停頓一下，再將該練習重複

第四章 心靈殺手—戰勝憂鬱與強迫

一次。

（6）接下來是大腿肌肉的放鬆練習。首先放鬆大腿部位的肌肉，再將腳後跟向前向上移動，大腿肌肉隨之緊繃起來，保持大概 15 秒，這個過程中還是要盡量感受一下大腿肌肉緊繃時的身心感受；接著可以緩慢地進入放鬆狀態。停頓一下，再將該動作重複一遍。

（7）現在開始做頭部的放鬆練習。首先皺起額頭肌肉，漸漸緊起來，然後保持緊皺的狀態 15 秒左右，最後再慢慢放鬆，恢復之前的狀態。停頓一下，再轉動眼球，由上開始向左邊，到下邊，再到右邊，加快轉動的速度再來一遍；緊接著，反方向再轉動一次，加快速度，停下來後慢慢放鬆。停頓一會兒，開始用舌頭頂住你的上顎部位，用力頂起，保持 15 秒，之後再漸漸放鬆下來。再停頓一下，開始收緊下巴，用力收緊，保持 15 秒，再漸漸放鬆。以上訓練完畢後，可以稍作休息，然後重複一次。

（8）將身體軀幹上的肌肉群徹底放鬆，接著做擴展動作，即向後方擴展雙肩，盡力向後，保持好這個姿勢大約 15 秒，再慢慢地放鬆，恢復原來的姿勢。停頓片刻後，再來一次。

（9）兩遍擴展動作做完之後，接著做提肩動作，即盡量使雙肩向上提升，接近你的耳垂位置，保持該姿勢大約 15 秒，再漸漸放鬆下來。停頓片刻後，重複一次。

（10）將雙肩向中央部分縮起，用力收縮，保持 15 秒，再慢慢放鬆下來。停頓一會後，再做一次。

（11）抬起雙腿向上，盡力彎腰，保持 15 秒後，再放鬆下來。停頓一會之後，重複一次。

（12）繃緊臀部肌肉，保持大約 15 秒，然後可漸漸放鬆。稍停片刻

後，將該動作重複一次。

以上動作全部練習完畢後，患者可休息一段時間，然後再全部重複練習一次。

2. 意念放鬆法

意念放鬆法還是要求患者坐在一張舒適的單人沙發上，或者以一種比較舒適的姿勢靠在沙發靠背上，依次做以下動作：

（1）閉上雙眼，保持靜默。

（2）集中注意力於頭部，緊緊咬住牙關，最好是使兩邊的面頰感到緊繃，片刻之後慢慢鬆開牙關。此時，患者會感覺到咬牙的肌肉產生了鬆弛感。再逐一將頭部各部位肌肉都放鬆下來。

（3）把注意力全部集中到脖頸部位，讓脖頸肌肉漸漸緊張起來，直到感到很痠、很痛、很緊，然後再慢慢放鬆肌肉。

（4）把注意力轉移到雙手上，用力握住拳頭，直到感到手發麻、有痠痛感為止，然後再慢慢放鬆下來，恢復到原來的狀態。感受這個過程中緊繃和放鬆感覺之間的差異。

（5）把注意力集中在胸部，深吸一口氣，不要吐出去，保持1～2分鐘再吐出去。重複這個動作兩三次，直到讓胸部感到舒暢為止。

（6）依次做肩膀部位、腹部、腿部等各個部位肌肉的放鬆練習，讓全身都進入放鬆狀態。

3. 有氧運動練習

所謂有氧運動是指快步走、跑步、騎腳踏車、游泳、爬山、滑雪等運動。專家認為，有氧運動是最有利於患者調節情緒、改善性格的一種方

第四章　心靈殺手─戰勝憂鬱與強迫

式,長期堅持有氧運動會令人身材健朗,並且在無形中改善個人性格特徵,潛移默化地改善強迫人格。

4.心理暗示練習法

強迫症患者有時候會用一些奇怪的想法去暗示自己,無形中就增加了焦慮情緒。心理學家建議,患者可以採用積極的心理暗示,比如告訴自己:「我不害怕」、「我不擔心,不緊張,再堅持一下就會好起來了」等等。這種自我暗示有助於緩解緊張情緒,幫助患者找回積極的心理感受。

總之,在克服強迫症的訓練中,患者要做的不僅是鍛鍊自己的心志,不能服從強迫的衝動去做出某些行為,同時還要深信那只是大腦的一種誤導。運用我們介紹的以上幾種方法,學著與強迫症狀相處,用溫和的方式去改變強迫症狀的身心反應。相信你只要堅定信心,必能擺脫強迫症的束縛!

第五章　重塑自我
── 跨越人格障礙

　　生活中有些人會毫無理由地以自我為中心，傲慢自大；有些人脾氣暴躁，稍有不順心就大發雷霆；也有些人會過度講究細節，吹毛求疵；更有不少人會無緣無故懷疑身邊的人，因此難以與周圍的人建立親密關係……事實上，這些都是人格障礙的表現。那麼，生活中都有哪些比較常見的人格障礙？有什麼樣的表現？如何進行自我檢測和自我修復訓練？

第五章　重塑自我─跨越人格障礙

矯正衝動型人格

▶ 衝動型人格障礙案例

生活中，我們常常見到一些脾氣暴躁的人，他們動輒大發雷霆或破口大罵，有時甚至拳腳相向。

有一位李姓男子，最近被妻子周某懷疑有心理問題，李姓男子從來沒有聽誰說過類似的話，因此內心不滿。他不願承認自己有心理問題，在和妻子反反覆覆的爭吵後，他也後悔過，但每次都無法控制自己發脾氣。無奈之下，他找老同學訴苦，該同學剛好有一個心理師朋友，兩人商量過後，就決定去做一次心理諮商。

交談初期，李某一副很輕鬆自在的樣子，他開玩笑似的問道：「你說我像是有心理問題的人嗎？」說話時，他臉上還帶著一貫的微笑。

心理師早就聽他的朋友介紹過李某的情況，但為了不對他造成心理壓力，故意說：「我看不出來啊！」

「唉，是啊，我也這麼認為，但我的妻子老是說我有心理問題，你看我這樣像嗎？」李某做出非常無奈的表情。

「那麼，你是被你太太逼著來找我的？」

「噢，不，她不知道。我就是想證明她的話不對，好回家跟她理論！」李某很有信心的樣子。

心理師看得出來，李某並不是前來做心理諮商的，而是想讓他給出證明，類似於做個裁判，判定個結果。但基於心理師的職業操守和責任心，他還是按照心理諮商規則，和李某展開了一段對話。

「那你知道你的妻子為什麼會下此定論嗎？」心理師問。

> 矯正衝動型人格

「我也不太清楚，或許就是因為我常常對她發脾氣吧。是，我承認，我的脾氣暴躁，個性也很好強，可這和我有沒有心理問題有什麼關係呢？」李某似乎有一種難言的委屈。

「你每一次發脾氣都有非生氣不可的原因嗎？」心理師很委婉地問。

「有原因，但我也知道那些只是小事。」李某想到這裡，忽而停頓了一下。

「為一些芝麻綠豆的小事發脾氣，你覺得值得嗎？」心理師反問。

「不值得，但我控制不了，火氣一上來就控制不住了。這一點確實不好，事後我也後悔過。」心理師從李某的話語中聽出了自責的味道，意味著他內心有愧疚感。沒等心理師問，李某接著說：「她脾氣挺好的，我老是發脾氣，確實很對不起她。」

「你後悔歸後悔，可並不能保證你不再發脾氣，對吧？」心理師順勢問道。

「是啊，我也為此深感自責。在前陣子的一次爭吵中，我能感覺到她很無助，並質問我是不是有心理問題，我沒辦法證明，也不能確信……」話還沒說完，李某一直低著的頭忽然抬了起來，「老師，你說呢？」

「你覺得自己是從什麼時候開始脾氣變差的呢？」心理師沒有正面作答，反過來再次詢問。

「其實我一直都是這樣的，小時候也是這樣。」李某幾乎想都沒想，立即回答道。

「嗯，你有個性上的心理問題。」心理師試圖以個性為切入點，既沒有否定他存在心理問題，也沒有直接說出李某的問題所在。

「的確，我也一直以為自己的個性太好強了，這不出我所料。」李某若有所思。

141

第五章　重塑自我─跨越人格障礙

「也就是人格有問題，具體說應該是人格偏差。」心理師如是判斷，但李某對心理師的這個結論似乎並沒有很懂。

「個性問題演變為人格問題，你的個性在憤怒情緒爆發和自控能力方面與其他人存在差異，也就是說你的人格是明顯偏離於常人的。」心理師這樣解釋。

其實，在李某說自己從小就一直脾氣暴躁時，心理師就斷定他可能一直都有一種明顯的人格偏差傾向，這使得他形成了特定的行為模式，即易怒，憤怒時難以自控，事後又深深自責。可一旦類似情形再次發生時，他還是控制不住地爆發。

這種反覆無常的情緒往往難以預測，特別是在他遭到批評或意願受到阻礙時，怒火中燒，即便是一些雞毛蒜皮的小事，同樣會引發憤怒；具有陣發性特徵，即在情緒良好時就表現得很和藹，很善解人意。

心理師認為，李某幾乎完全符合這類特徵。而這種明顯的人格偏差表現，嚴格來說是屬於精神疾病分類中的「衝動型人格障礙」，世界衛生組織將其歸入「情緒不穩定型人格障礙」，而美國將其劃入「邊緣型人格障礙」的範疇之內。

李某顯然在心理健康方面與許多人一樣缺乏常識，他並沒有意識到自己罹患的是一種人格障礙，心理師也盡量避免用略帶刺激性的「人格障礙」的字眼。好在李某也意識到問題有點嚴重了，他問：「那我怎麼辦？有什麼辦法可以矯正嗎？」

這就是接下來應該解決的關鍵問題。其實人格障礙的成因一直都沒有定論，大抵上是由生物學因素、大腦發育因素、各種心理因素以及社會環境因素等綜合作用而成。但心理師也不能對病人說這些太深奧的理論知

矯正衝動型人格

識，只建議李某正確了解自己的人格偏差缺陷，告訴他，這種人格缺陷並非天性使然，和個性沒有直接的必然關係，要加強自我矯正意識和積極的自控練習。醫生還進一步啟發李某，在即將被憤怒情緒控制的瞬間，應該迅速切斷該情緒與導致該情緒發生的現行事件之間的連繫，以便及時消除情緒刺激，遏制憤怒的爆發。譬如，李某可以在意識到自己即將發怒時，立即起身離開現場，去做點別的事情，斬斷情緒與現行事件的關聯；假如無法做到立即離開現場，不妨試著把自己想像成一個不失優雅和風度的謙謙君子，盡力遏制憤怒情緒。

李某在意識到自己的行為屬於人格問題之後，也開始積極地、有自覺地控制自己的情緒了，有時候有不滿情緒產生時，他會嘗試著換個角度思考，有效地減少了憤怒情緒產生和發脾氣的次數。妻子張某也積極配合，在日常瑣事上盡量不激怒丈夫，並盡量滿足丈夫的一切不過分的請求。一段時間之後，李某的情況確實有所改善，再也不像以前那樣動不動就大發雷霆了。

半年後，李某雖然還是會偶爾發脾氣，但都不是先前那種暴怒了，並且每次的小脾氣也都能被他自己有效地控制住。他對心理師表示了感謝，並感覺自己現在活得很輕鬆愉快。

在該案例中，醫生所說的人格偏差其實就是人格障礙。人格障礙是一種病態人格，是人格發展的異常，並且偏差的程度已經遠遠超出了正常的變動範圍。也有專家認為，人格障礙是「明顯偏離正常且根深蒂固的行為方式，具有適應不良的性質」，人格在內容以及整個結構方面都存在異常。

有人格障礙的人往往自己承受痛苦，也令身邊的人痛苦，尤其妨礙了

第五章　重塑自我—跨越人格障礙

當事人的情感、意志活動，導致其行為的目的性遭到破壞，會給身邊的人一種十分奇怪的感覺，因而李某妻子會第一時間察覺到丈夫的問題。心理學家認為，人格障礙一般在童年時期就已經開始形成，歷經青少年時期和成年早期，有的甚至會持續一生。

▶ 衝動型人格障礙及其診斷標準

　　專家認為，衝動型人格障礙是以情緒與行為都具有鮮明的衝動性質為主要特徵的一種心理障礙，案例中的李某屬於典型的衝動型人格障礙。

　　衝動型人格障礙的主要表現有以下幾種：

　　1. 情緒暴躁、易怒，常常有無法控制的衝動和驅動力，情緒不穩定，稍有不順心就開始發火；

　　2. 性格主要呈外向攻擊性、盲目性，容易產生極端行為。行為常具有不可預測性，魯莽，不考慮後果；

　　3. 衝動行為的動機可能是無意識的，也可能是有意識的；

　　4. 行動之前沒有計畫，有緊張感，行動之後產生愉悅和自足之感，也有自責，但不深刻或不是發自真心；

　　5. 心理發育尚不健全，不成熟，常有不平衡心態；

　　6. 易出現不良行為，甚至有犯罪傾向。

　　衝動型人格障礙又稱攻擊型人格障礙，以上是其攻擊性的表現。專家認為，還有一類是被動攻擊性的，主要是以被動的方式表現出強烈的攻擊傾向。他們往往表面上順從對方，而內心卻是充滿敵意的，會以另外一種形式攻擊對方，譬如故意遲到、故意做錯事激怒對方、故意不回覆簡訊和

電話等。有的人甚至會在暗自進行破壞活動，這種敵意非常強烈，但就是不敢顯露於外。

在臨床表現方面，有衝動型人格障礙的人往往有以下幾個特徵：

1. 某種衝動行為的目的主要是為了滿足心理上的需求，並沒有其他緣音；

2. 該衝動行為屬於損人且不利己的範疇；

3. 當事人意識到自身行為的不恰當及其危害性，但一時難以自控，即便有意識地加以控制，結果均是失敗；

4. 在即將進行某行為之前，當事人會感覺到逐漸增強的緊張感和興奮感，直到行為得以實現；

5. 在該行為進行的過程中，當事人會感到滿足和愉悅；

6. 在內心需求得到滿足之後，有人會覺得輕鬆，也有人會覺得後悔，甚至陷入自責；

7. 即便有自責，依舊難以避免同樣的狀況再次出現；

8. 經常會伴隨出現各種人格障礙、憂鬱、焦慮等症狀，甚至精神發育遲緩等；

9. 神經系統有可能存在非特異性症狀體徵。

那麼，我們如何判斷一個人是否具有衝動型人格障礙呢？專家認為，當事人主要以情感爆發和較為明顯的行為衝動為主要表現特徵，並且必須符合以下專案中的三項或三項以上，方可確診為衝動型人格障礙：

1. 容易與他人發生口角和衝突，尤其是在衝動行為受到阻礙或遭受批評時；

2. 有突發的暴怒與暴力傾向，並且行為爆發時不能自控；

3. 行為具有不可預測性和不計後果傾向，缺乏對事物的計畫和預見能力；

4. 情緒不穩定，反覆無常；

5. 生活目標不明確，包括自我形象及其內在偏好等發生紊亂；

6. 人際關係緊張、不穩定，很難維持持久的友情或愛情；

7. 不能堅持任何得不到立即性獎勵的行為；

8. 有自殘、自殺傾向。

▶ 衝動型人格障礙的形成原因

一般情況下，男性患者比女性患者來得多，發病早，並且與當事人的生理因素、童年經歷等都有一定的關係。

1. 生理因素。有研究發現，小腦發育遲緩，致使傳遞愉快感的神經通路發生阻礙，患者很難感受到愉快和安全的感受，很有可能是導致攻擊行為出現的原因之一。此外，人體內分泌腺與雄性荷爾蒙分泌過旺，也是導致攻擊行為產生的因素。

2. 童年經歷。家庭環境對孩子的成長有不容小覷的影響。攻擊性人格在孩童時期受父母影響較多，父母的過分溺愛致使其個人意識增強，不能容忍一丁點的限制，否則就會採取攻擊行為予以還擊。父母如果過分專制，經常打罵孩子，也會造成不良影響。孩子心理長期遭受壓抑，過多的憤怒和不滿鬱結在心裡，一旦有爆發的機會便不會輕易放過。

3. 心理因素。具有衝動型人格障礙的人都有一定程度的心理問題，比如有的人因自身條件或家境原因而產生自卑心態，在生活和工作上又屢受

挫折,自卑心逐漸增強。此時,他們往往會尋找補償,以衝動、好鬥的個性行為來證明自己強大等。如果一個人的自尊心過強,在遭受挫折時就比較敏感,反應強烈,導致攻擊行為的出現。這種情況一般在青年男子身上比較多見。此外,處於青春發育期的男孩也容易出現攻擊行為,他們往往自以為已經長大成人,或為了證明自己已經成人,過分強調男人的特徵而容易表現出較強的攻擊性。

4. 社會因素。我們每一個人都與社會上的某個階層或團體緊密連繫著,包括我們所往來的朋友、接觸的文化等,都會對個人造成潛移默化的影響。因而,攻擊性行為不可避免地要受到社會環境的影響。

▶ 衝動型人格障礙的自我修復

衝動型人格障礙並非不可修復,患者如果發現自己有這方面的傾向,完全可以進行自我修復訓練,加上周圍親友的積極配合,最終都會逐漸消失。具體上可以從以下幾個方面加以努力:

1. 培養寬大胸襟和君子涵養。當情緒難以控制時,可以離開事發現場,以避免情緒失控;或者把自己視為一個謙謙君子,有「宰相肚裡能撐船」的肚量,不把小事放大,而是大事化小,小事化無;必要的時候應該立即變換位置,站在對方的立場上思考問題。

2. 尋找補償。這裡的補償不是說爆發,而是將自身的不滿情緒轉化到另外一種容易成功的目標上去,以此證明自己的價值,進而獲得心理上的滿足感,比如去工作、運動等,將未爆發的能量轉移到別的事件或活動上。

3. 設想後果。當事發時,盡量讓自己去想想這麼做的後果,如果你因

第五章　重塑自我―跨越人格障礙

衝動而進行的行為會對對方造成傷害，最終也對自己帶來傷害的話，你會擔心和害怕。因此，與其逞一時之快，不如強忍幾秒鐘，等衝動的情緒過去就沒事了。

4. 運用心理暗示法。你可以嘗試使用自我暗示、假想法調節自身的暴怒情緒和暴力傾向。這需要你有良好的意志力，在情緒即將爆發時，要閉上嘴巴，或轉身避開引發憤怒情緒的人和事，並在心中默念「忍」，告訴自己：「我知道我又要衝動了，衝動是魔鬼，我不會聽從魔鬼的指示！生氣沒有用，我不是還要去整理書房嗎？有那麼多事情等著我做，我在這裡生這些閒氣幹什麼？我何必拿別人的錯誤去懲罰自己呢？更何況他也沒做什麼。我如果這麼容易就大發雷霆，真是太沒有君子風度了，會被瞧不起的！如果我這次寬容了他，他會感激我，我要以德服人。上次我一氣之下大打出手，事後後悔極了，還去道歉，真是不應該啊……」此類心理暗示會為你的冷靜贏得時間，並及時調節情緒，減輕不少怒氣，有助於遏制衝動行為。

在平時不生氣的時候，還要積極對自己的心理狀態進行強化。比如反省上一次發怒時的行為，必要時應該加強道德修養方面的訓練，多了解法律知識，嘗試用道德的標準和紀律、制度嚴格要求自己。此外，不要忘了站在對方的角度去看問題。

此外，你還可以在當下事件發生時，找到與憤怒對立的情感方式，如在即將採取衝動行為之前，迅速找出「理智」來主持局面。當恨意橫生時，不妨想著你心中的「愛」，你之所以生氣是因為在意，因為你對對方還有期望，這不都是因為你的心裡還有「愛」嗎？所以，要釐清自己的出發點，不能讓衝動把你的目的扭曲了。

總之，有衝動型人格障礙的人要積極改變心態，學會正向的心理防衛機制，正確看待挫折和不滿，不要隨意地將小事放大，學會用換位思考和寬以待人的心態去面對外界一切人和事，接受質疑和批評，學會做自己的心理調節醫師，學會理解身邊的人，久而久之，一個嶄新的自己就會誕生了。

矯正偏執型人格

▶ 偏執型人格障礙案例

一

某醫院接到一起特殊搶救病患，一名孕婦和她肚子裡的孩子雙雙死亡。

據悉，在長達數個小時的手術簽字僵持中，醫院院長也曾親自到場相勸，派出所的警察也來到現場，當時在醫院住院的很多病人家屬都紛紛站出來說服孕婦家屬，甚至有人當場表示，只要他肯簽字，立即給他五萬元。結果，任何勸說都無濟於事，他只是喃喃自語地說：「我老婆是感冒，等她好了之後自然就生了。我不簽字，簽字了醫生就不會做藥物治療了，我沒有錢！」

不久之後，他又開始放聲大哭，哭完接著說：「再觀察觀察吧！」後來，他居然還在手術同意書上寫下「堅持用藥治療，堅持不做剖腹手術，後果自負」的字樣。醫生覺察出男子行為異常，懷疑他有精神問題，但經精神科主任確診，他不僅沒有任何精神失常的跡象，還表現得非常警惕。

第五章　重塑自我—跨越人格障礙

　　醫院在沒有家屬簽字的情況下，無奈地選擇用急救藥物勉強維持孕婦的生命，並不敢「違法」擅自進行手術。結果，幾個小時之後，孕婦心跳停止。男子得知妻子真的死去後，當場大哭，這才表示要簽字。妻子屍體被送走之後，男子在病房外面獨自徘徊，還去找醫生理論，要求看自己的孩子。後來，員警趕到現場，將該男子帶走。

　　事實上，在妻子離世之後，男子還向周圍的人訴苦，他說他與妻子是在火車上認識的，妻子因為和家人不和想自殺，是他好心勸下了她，打消了她自殺的念頭，至此兩人便開始一起生活。男子還稱，兩人在大都市的生活雖然艱苦，但自己給了妻子精神上很大的快樂和安慰。他坦承自己愛上妻子的原因是：她年輕，會唱歌，守「婦道」，聽話，從不與其他男人接觸。後來，他還要求將亡妻的屍體運回家鄉安葬。

　　有一位病人家屬賀某，是當天目睹此事件發生全程的人員之一，也就是那個說要給男子五萬元的人。賀某在一次探望死者家屬的過程中，悄悄塞給死者父母3,000塊錢，後又要給該男子3,000元，該男子很有正義感地要求把錢給他的「岳父岳母」，自己不要。當賀某問他是否後悔不簽字害死妻子時，他依然義正詞嚴地說：「我不簽字，醫院也應該先救人啊！」

　　這件事輿論的焦點主要集中在男子和醫院兩方面。這裡我們拋開醫院的責任不論，單就該男子的表現而言，專家認為，這是偏執型人格障礙。死者父母要求追究該男子的刑事責任，但他一直堅持認為，自己即便沒有簽字，醫生也應該進行手術，所以是醫生的責任，而不是他。也就是說，在親人病危的情況之下，他還能夠進行十分理智的思考（擔心醫院不做比較便宜的免費藥物治療，考慮到自己沒有錢），這與正常人的心態和行為已經構成了強烈的反差。

　　他喜歡妻子的原因之一是她「從不與其他男人接觸」，這說明他很在

意妻子和別的男性有接觸。此外，他一直保持想法的前後一致性，覺得自己的想法「一向周到，不會出錯」，這種總以為自己有理，並直接將由自己的失誤而引發的後果全部否定，把一切罪責都歸因到外界的行為表現，符合偏執型人格障礙的特徵。

不過，該男子並不認為自己有心理問題，只是承認自己「是挺固執的」。每當他回憶起當天手術前的情形時，總是思想混亂，一下說自己很後悔沒有簽字，一下又說都是醫生害死妻子的，過了一下又說即使簽字了，妻子還是會死。最後，他乾脆直接說：「早知道我簽字好了，這樣妻子死了，責任就都是醫院的了。」總之，他一直在為自己辯解，如果有人指出漏洞，他只會停頓一下，然後接著自顧自地往下說。

面對他人的詢問，他似乎已經習慣了表現自己，並且會很適當地哭泣，將整個身子縮成一團，目光呆滯。面對反覆追問，他也不煩，甚至還自得其樂，彷彿自己已經在其中找到了存在價值。可見，他只活在自己構築的世界裡。

關於他拒絕在剖腹產手術同意書上簽字的原因，男子後來還補充說，不僅是因為自己沒有錢，還因為之前有人告訴他，有人會害他的老婆，並且剖腹產會影響到生第二胎。很多人都想不到，在生死關頭，該男子居然可以如此理智地考慮那麼多。

幾天後，有人發現他去藥局購買安眠藥，結果沒有買到，就直接去了醫院，在那裡警察再次把他帶進了派出所。晚上，男子開始在裡面大喊大叫，聲稱自己想死，當被問及為什麼一定要用安眠藥自殺時，他居然嘿嘿笑起來：「如果被人識破了，不好意思啊！」

第五章　重塑自我—跨越人格障礙

二

　　有一位年輕男子王某，前不久遇到一個女孩，兩人在相處中深刻感受到了對方的關愛，於是很快就確定了男女朋友關係。女孩對王某很滿意，還說要帶他去見父母，好讓母親高興一番。但是，王某的性情卻在關係確立後發生了變化，他經常檢查女孩的手機，週末女孩如果外出，他總是跟蹤前往，疑心變得越來越重，為此，兩人經常吵架。

　　有一次，女孩公司舉行活動，王某雖然不放心，但也沒有說不讓女孩參加聚會的話。結果他一直跟蹤女孩，期間他發現女孩和另外一個男子總是說很多話，便憤然站出來，強行將女孩拉回了家。此後，只要他發現女孩與其他男孩有接觸，便大發脾氣，追問他們在一起都做了什麼等等，女孩反抗，他便拳腳相向，拚命地打她，而事後又會請求女孩原諒，甚至跪下來哀求。女孩雖然原諒了他，但不想如此生活一輩子，便向王某提出了分手。沒想到的是，王某竟然威脅她說，只要她敢和自己分手，他就永遠不會放過其家人。

▶ 偏執型人格障礙及其診斷標準

　　專家認為，以上兩個案例中的男性的行為均屬於偏執型人格障礙的表現，但不存在持續性的精神疾病症狀，如妄想、幻覺等，否則就要考慮是偏執型精神病或偏執型精神分裂症等疾病。

　　偏執型人格障礙的關鍵是「不信任」，即認為別人總是狡詐、偽善、不可靠、別有用心的，而認為自己才是正義的化身，是純潔且高尚的。這一點表現在戀愛關係中，有偏執型人格障礙的一方總是會要求另一半不得與除了自己以外的任何異性有接觸，案例一中的男子也表示過妻子生前從未與其他男人交往，因而他們的關係才相對和諧；而案例二中王某的女

朋友就經常與異性接觸，這使得王某疑心加重，兩人的關係也隨之陷入困境。

此外，這類人還時常擔心因為自己的脆弱和純潔而受到別人的不公平對待，甚至遭受欺騙、侮辱等，因此他們對外界總是保持著高度的警惕狀態。

有研究發現，偏執型人格障礙主要以猜疑和偏執為特徵，形成於青少年時期，並且男性普遍多於女性，以膽汁質（興奮不可遏止型）和外向型性格的人居多。患有這種病態人格的人通常人際關係緊張，很難與同學、同事、朋友及家人和諧相處。那麼，偏執型人格障礙的診斷標準有哪些呢？

1. 對他人持有過重的疑心，常常把別人的無意或非惡意的行為誤解為對自己的敵意，在沒有足夠證據的前提下，僅憑藉懷疑就斷定對方要加害自己，自己會成為別人「陰謀」的犧牲品，因而時時保持極高的警惕性；

2. 對某些有意或無意的傷害和侮辱無法寬容和諒解，總是耿耿於懷，甚至伺機報復；

3. 容易產生病態的妒忌心理，過分懷疑另一半不忠或出軌，但不在妄想範圍內；

4. 對自身所遭遇的挫折和失敗過分敏感；

5. 忽視和不相信那些與自己的想法不相符的客觀證據，別人難以用講道理的方法令其改變想法；

6. 過度自負，以自我為中心，總感覺壓抑，懷疑自己被迫害；

7. 脫離現實，爭強好辯，固執地追求個人的不合理的權利和利益，甚至出現衝動性攻擊行為。

第五章　重塑自我—跨越人格障礙

在以上七項中，至少要符合三項，才可確診為偏執型人格障礙。此類人基本上是自我和諧的，缺乏自知之明，不會承認自己的偏執行為，也不會主動地或被動地去尋求醫生的幫助。

▶ 偏執型人格障礙的形成原因

偏執型人格障礙大多形成於青少年時期，主要原因還是家庭環境。比如孩子受到家長的無原則的溺愛和遷就，在「皇帝式」、「公主式」的家庭環境中長大，孩子逐漸養成了以自我為中心的觀念，習慣了家人的百依百順和不絕於耳的讚美和頌揚，對自己缺乏客觀、正確的評價，高估自身能力，不願意同時也缺乏改正缺點的勇氣和正確態度……這些在小時候形成的性格弱點就成了偏執型人格障礙的發展基礎。

▶ 偏執型人格障礙的自我修復

首先，因為偏執型人格障礙的人總是喜歡極端行為，要不好到極點，要不壞到極致，這與其大腦中的非理性觀念是相關聯的。所以，偏執行為的矯正還需要以矯正偏執觀念為前提。

很多人其實是能夠意識到自己的偏執行為的，因而從現在開始，你不妨將自己平時的偏執行為列出來，然後逐條修正。比如，你列出的偏執觀念或行為有：

「我不允許另一半與除了我之外的異性有接觸。」

「我不相信這世上的所有人，只有我自己才是最可信的。」

「每個人都只為自己考慮，別人攻擊我，我也要毫不手軟地加以還擊。」

> 矯正偏執型人格

「我這麼優秀，不允許任何人超越我，凌駕於我之上。」

……

那麼，現在就開始逐條做修正，改為：

「我的另一半也有自由，他與除了我之外的異性有接觸很正常。」

「這個世界上還是有好人的，我應該相信好人。」

「為自己考慮很正常，畢竟大家都有自己的利益，別人攻擊我，我還擊的前提是自己真的遭受了攻擊。」

「天外有天，人外有人，我不能保證自己就是無法超越的。」

……

這就去除了其想法中的偏激成分，幫助自己客觀、理性地看待人與事。你還可以將修正之後的內容悄悄地在心中默念，每天都進行，一段時間以後會出現神奇的變化。

其次，使用心理暗示。如果你能夠及時意識到偏執思想和行為的存在，那就應該在它們出現之前就加以制止，暗示自己不要陷入「敵對心理」和「信任危機」的漩渦之中，嘗試多與周圍的人接觸，試著去相信他們，給予對方表現自己的機會，看看你最初的判斷是否準確。相信你會發現對方並不是你想的那樣，進而找到相信的勇氣和動力。

使用這種自我暗示的方法時，要提醒自己尊重和理解對方，這樣你也會收穫到同樣的尊重和理解。這是心理學中的「鏡像理論」，你在鏡子中看到的其實就是你自己，所以，你想要看到什麼，首先自己就要做到什麼。比如，你希望別人不要一直板著臉對你，那你就先對別人微笑，相信對方也一定會回報你一個很燦爛的笑容。

第五章　重塑自我─跨越人格障礙

　　最後，積極做出行為改變。當偏執的觀念有了一定改善之後，你還要積極地改變行為。多結交朋友，積極參與社交活動，在與友人相處的過程中，試著去相信對方。

　　1. 交友要真誠，誠心誠意。根據「鏡像理論」，你只有用真誠的態度與別人相處，才能很快贏得對方的真誠相待。相信大多數人都是善良且友好的，消除不安全感和偏見，摘掉有色眼鏡，再去審視一切，會出現不一樣的風景。當然，交友的目的是為了幫助自己克服偏執，而不是為了尋找敵意，這一點很關鍵。所以，一定要相信自己能夠做到。

　　2. 大方給予幫助。在交友的過程中，如果對方有困難，要毫不吝嗇地伸出自己的雙手，對方會銘記於心，這也是取得信任的關鍵。俗話說「患難見真情」，當你用真情與對方相處時，友情的根基才會更加穩固。

　　3. 注意交友原則。並不是大街上隨便抓一個人，就能夠成為知心朋友。但凡相處得來的朋友多半都是性情相似的，心理學上稱之為「心理相容原則」，即對方與你在性別、年齡、職業、文化教養、經濟水準、興趣愛好等方面是否相互融合。此外，交友還要重視的一個原則是「志同道合」，即雙方思想觀念和人生價值觀相似或一致。

矯正依賴型人格

▶ 依賴型人格障礙案例

　　春節過後，很多人都紛紛踏上了離鄉之路，短暫的相聚之後，隨之而來的又是分離。這種現象現在十分普遍，但在許某的眼中，這又是一場

「痛哭流涕，生不如死」的離別。

許某是一位長相俏麗的年輕女子，從小就沒離開過家，大學也是在離家最近的一所大學讀完的。大學期間，她也要天天回家。畢業之後，許某開始了朝九晚五的生活，她很不適應與家人分離，尤其是春節過後，她便死活都不願去公司，朋友以為她是在公司遇到了麻煩事，但一問才得知，她是捨不得家人。所以，她幾乎每次都要大哭一場，才能依依不捨地返回公司上班。

後來，許某交了男朋友，她開始要求男友天天陪自己，假如男友有事不能陪她時，她總是要哭鬧一番，痛苦得像是再也不能見面了。剛開始時，男友覺得許某小鳥依人，但時間長了，他發現許某太依賴自己了，一天不見面就要死要活地哭鬧，需要時時刻刻有人陪，買一件衣服或者去超市買零食，都要男友為她做決定。結果，男友提出了分手。許某怎麼忍受得了這般打擊？沒有了男友，她開始像失了魂一樣，天天足不出戶，工作也辭了，父母整天在家看著她，生怕她想不開。

一個偶然的機會，許某結識了一位賈姓男子，但該男子已有家庭。許某自知不該做第三者，但因為賈某說過：「妳對我比我老婆對我都好。」這句話讓許某做出了一個大膽的決定，因為她從來沒有被這樣肯定過，賈某讓她感受到了一種強烈的被依賴的感覺，而一直以來都是她在依賴別人。所以，她決定和賈某在一起，不管今後有沒有未來。許某承認，自己需要一個引導者為自己指明方向，而賈某就扮演了這樣一個角色，在她需要時總是不厭其煩地陪著她，及時地安撫她不安和落寞的情緒。

幾年之後，賈某和原配離婚，但他也不想立即和許某結婚。許某曾經一直心甘情願地以「第三者」的身分陪著賈某，現在他離婚了，她如果要求賈某給她一個名分，再正常不過了，但許某沒有。隨著年齡的成長和閱歷的累積，許某不再是當年的那個愛哭愛鬧的小女孩了，而是變得理智和

第五章 重塑自我—跨越人格障礙

成熟,所以,她依舊選擇安靜地待在賈某的身邊,一年後還生下了一個可愛的男孩。

三年之後,賈某終於提出了結婚,他說:「妳對我這麼好,讓我重新相信了愛情,相信了婚姻。」這句話是許某求之不得的,更是給予她極大的鼓勵和肯定。她覺得自己付出一切都是值得的。婚後的生活很美滿,許某做起了全職太太,一心一意地相夫教子。

但美滿的生活卻隨著兒子一天天長大而消失,讀國中的兒子開始反抗許某的管束,甚至開始有意疏離父母。許某意識到她再也不可能像從前那樣天天抱著兒子了,於是感到萬分悲痛,有幾次和兒子發生爭執,兒子摔門而出,丈夫也順口數落了她,許某一下子感到萬念俱灰,動起了自殺的念頭,好在被發現得早,沒有生命危險。

此後,許某一直沉浸在悲傷之中,難以自拔。丈夫看在眼裡,急在心裡,為此他也像以前那樣鼓勵許某,但並不管用。後來,朋友建議賈某,讓他帶許某去看看心理師,說不定有用。於是,在賈某的鼓勵下,許某走進了心理診所,開始接受心理師的治療。

心理師根據許某自己及其家人的描述做出診斷,認為許某一直都有依賴型人格障礙,她的生活重心一直都不是自己,而是身邊的人,這是典型的依賴型人格特質。她極度渴望被照顧和被關愛,害怕分離,但又因為求之不得或缺乏自信,不敢再去主動表現出過度的依賴行為,反而轉變為另外一種形式,即特別樂於照顧和關愛他人、體貼他人,從中尋求肯定和被依賴、被需要的感覺。許某長期依賴丈夫和兒子,導致其生活已經完全離不開他們,所以在兒子對自己表現出疏離時,她的自信心遭受打擊,產生極大的痛苦。

透過一次次的交談,許某已經意識到了自身的「依賴型人格特質」,並接受了心理師的建議;而其家人也開始慢慢轉變態度,接受建議,給予

許某持續的肯定，為許某的治療提供了很好的環境。不久，許某向心理師回饋，說自己的情況已經明顯好轉。

▶ 依賴型人格障礙及其診斷標準

依賴型人格障礙患者需要一座靠山，時刻能夠得到別人的關懷和溫情，只要如此，他們往往寧願放棄自己的興趣愛好，乃至改變自己的人生觀。這樣一來，他們便會變得越來越軟弱，缺乏自主性和創造性，處處委曲求全，導致其越來越壓抑，久而久之也就失去了自己的追求。案例一中的許某就是很典型的例子，她由最初對父母的依賴，轉而開始對男友依賴，期望獲得關懷和照顧，但遭到男友拋棄後，她開始轉變為另外一種形式的依賴，即用自己的付出去贏得想要的關注，從中享受被需要和被依賴的成就感。

專家分析，依賴型人格障礙患者不能對自己的事情做出果斷決定，依賴他人給予指引，甚至無條件接受對方的所有意見和建議，聽從對方為自己安排的一切，包括人生規劃、職業方向等重大決定。這種過度依賴導致他們不敢獨處或者在獨處時感到無助和恐懼，生怕被拋棄，在遭到批評和忽略時極度敏感，受傷很深。即便很多時候他們也知道不是自己的錯，但依舊笑著迎合，為此常常去做違背自身意願的事情，甚至失去自尊。

那麼，確診依賴型人格障礙需要符合哪些標準呢？專家根據臨床經驗總結出以下幾個要點，至少符合其中的三項，才可確定個案患有依賴型人格障礙：

1. 當自己與親人的親密關係結束時，比如離家外出或家人外出、和戀人分開等等，感到極度無助和被毀滅的心理感受；

第五章　重塑自我—跨越人格障礙

2.總是依賴他人為自己的生活做決定，假如沒有他人的勸告或保證，便很難做出選擇；

3.將決定權交給所依賴的人，這樣就不用因選擇錯誤而承擔責任了；

4.將自己的需求依附於所依賴的人，過度服從對方的意志；

5.時常感到無助，尤其是在獨處時更有孤寂感，感到自己無能，缺乏精力；

6.不願對所依戀的人提出要求，包括一些合理的要求；

7.很難對他人的建議提出反對意見，擔心失去支持和關注。

▶ 依賴型人格障礙的形成原因

現實生活中，或許每個人都有不同程度的依賴，對身邊的人適當的依賴其實是維繫感情的良好契機，如果失去了來自別人的關心和照顧，人生似乎就不太完整了。所以，正常的依賴應該是適度的，而病態的依賴就是過度的了。因而，在區別正常的依賴和病態的依賴的過程中，我們很有必要了解病態依賴的形成原因，只有找到這些原因，才能進一步對病態依賴進行矯正，不讓它擾亂正常生活。

第一，依賴型人格障礙發源於幼年。兒童在幼年時期如果過度依賴父母，會形成依賴型人格，在他們的心中，父母是守護神，一切事情離開了他們就進行不下去。再加上父母的過分寵愛，事事都幫孩子安排好，任由孩子依賴自己，不給他們獨立成長的機會，久而久之，在孩子的心目中就產生了對父母或權威的依賴性。

兒童時期的過分依賴，嚴重影響到成長過程中的個性發展和形成，乃

至成年之後依舊難以自主，缺乏自信心，總是要依靠身邊的人為自己做決定。這種情況在女性的身上比較多見，許多家長對女兒講求「富養」，總是處處考慮周到，承攬一切，女孩的依賴心理在童年時期產生，在青少年時期成形，在成年之後已然定性，最終導致依賴型人格障礙的形成。

有專業機構曾經對 1,500 名小學生進行調查，發現其中有 51.9% 的學生都依靠家長長期為其打理學習和生活用品；有 74.4% 的學生在生活和學習過程中，一旦離開父母就失去了方向，變得茫然無措；僅有 13.4% 的學生能夠自己處理簡單的家事，自己安排讀書和生活計畫。

法國心理治療師皮納發現，那些不願自己做決定的人其實都是在等著別人替他們做決定。也就是說，這些依賴心理較強的人之所以不願自己做決定，正是因為在他們的身邊有著一群時刻會幫助他們做決定的人，這就成了養成依賴心理的重要後盾。如果家長們不注意加強訓練子女的獨立意識，將會造成不堪設想的後果。

第二，依賴型人格障礙患者本身也有十分明顯的個性特徵。

1. 沒有獨立性。由於缺乏獨立性，因而他們時常會感覺很無助，在獨處時感到沒有精神，有被遺棄的心理感受，過分順從他人而阻斷自我追求。

2. 缺乏自主性。我們每個人都有自己的愛好和追求，有自己的價值觀和原則，但依賴型人格障礙患者常常意識不到這方面的需求，或者即使自己有這樣的意識，也會因刻意遷就他人而果斷放棄，認為只要自己能夠得到對方的照顧和關懷，犧牲這些並不足惜。

3. 逃避現實。親密關係的終結會促使這類人對自己產生懷疑，對親近和歸屬感的過分追求導致他們失去理性，往往不切實際地將自己置於毀滅

第五章　重塑自我—跨越人格障礙

的境地。這類人認知不到現實，不能客觀分析事件和正確看待人與人之間的遠近親疏。

4. 總是委曲求全。患有依賴型人格障礙的人常常有一種「自我犧牲」的精神，他們自認為只要自己做出妥協，就能換來對方的關注和照顧，實際上卻忽略了自己內心深處的壓抑感。這種壓抑感使他們依賴性加重，全心全意地依賴於他人。

5. 追求完美。心理學家認為，那些自己做不了決定的人通常都有一種不實際的完美主義追求，試圖掌控所有因素，但因自身缺乏足夠的自信，所以很擔心在某些細節上出現差錯，讓身邊的人不滿意。

▶ 依賴型人格障礙的自我修復

對於已經成形了的依賴型人格障礙患者，要積極做矯正訓練。心理學家提出的治療依賴型人格障礙的方法主要有兩種：

1. 習慣矯正法

具有依賴型人格障礙的患者一般都有既定的依賴行為，所以，矯正的關鍵就是要打破這些不良的依賴習慣，要認清自己的依賴行為，並客觀分析哪些事情是自己可以做到，卻總是要依賴他人的。

在展開自我矯正訓練的當天，就應該做好記錄，認真把自己每天自己所做的事情依次寫下來。一個星期之後，再把這些事情按照自主意識由強到弱排列出來，並分為三個等級，比如，週一這一天發生的事情，有哪些是屬於自主意識較強的事情，哪些是自主意識中等的事情，哪些又是自主意識較弱的事情，分別列出來；週二這一天發生的事情，又有哪些是自主意識較強的事情……這樣把一週內的每一天都做簡單的劃分，週末做一個小結。

下一步，針對自主意識較強的事情做出自己的選擇。譬如，週一要穿什麼鞋子去上班，穿什麼顏色的外套等，這些大可不必徵求別人的意見，只要自己覺得好的，自己覺得開心的就可以。訓練期間千萬不能因為別人的閒言閒語或要求而中止自己的選擇，堅持下去，你便會發現自己做選擇的感覺非常好，並且你也會以此為突破口，漸漸地在其他事情上展現自己的觀點。

接下來，對那些自主意識中等的事件，你可以將自己的意見加入進去。譬如，當某個計畫由他人做出決定之後，你發覺自己並不完全認可，此時可以大膽地提出自己的意見，說明不贊同的原因，或者是提出改進的建議。這樣一來，在實施的過程中，你既採納了對方的觀點，其中也不乏自己的意見，最後隨著自己的觀點逐漸增多，你就可以漸漸地由之前完全聽從他人安排，轉變為自己做決定了。

另外，對於那些自主意識比較弱的事情，你可以在不改變、不拒絕別人的要求的前提下，做出具有個人特色的行為來。譬如，你的朋友過生日，她曾經提出想要一個特別的禮物，在這種情況下，你完全有空間行使自己的決定權——這份特別的禮物在考慮到對方的喜好的前提下，你可以自己做選擇。

再如，對方明確指出想要一束紅玫瑰，此時你若直接送一束玫瑰給對方，也有按照對方意願辦事的傾向。但是，下一次你可以不用對方要求，而自己主動去買一束紅玫瑰送給她，此外，還可以提議一起去公園遊玩或去餐廳享受燭光晚餐等。久而久之，你就會覺得自己已經很享受這個過程了，因為你已經從這類事情中感受到自我創造的愉悅感，事情的本質已經發生了轉變。

第五章　重塑自我—跨越人格障礙

　　以上習慣矯正法需要患者的堅持，依賴行為也不是一夕之間就可以改變的，但可以在一點一滴的小事情中累積成效。千萬不要小看了這些小事，因為如果你一不小心回到了依賴軌道上，便會使之前的努力功虧一簣，所以，最好是找一個值得信賴的監督者來監督自己。

２. 自信重建法

　　依賴習慣的徹底矯正還需要從根源著手，即找回自信心，從根源上破除依賴習慣。自信重建法可以從兩個面向實施，一方面是排除幼年經歷的消極影響，另一方面是找到獨立自主的勇氣。

　　童年的經歷是造成依賴型人格的重要因素，因此你要正確看待在童年時期出現的對自己產生負面影響的評價，比如，母親曾經說：「你怎麼這麼笨，做事慢吞吞的。」父親甚至也說過：「不要洗了，讓你媽幫你洗，你洗不乾淨！」其他的親戚可能也有類似的評價：「你還小，只要專心讀書，將來考一個好大學就可以了，別的事情儘管交給我們！」諸如此類的話語，雖然出發點是好的，但對你已經造成了很不好的影響，導致你除了讀書之外，對其他一切事務都失去了參與和實踐的機會。

　　現在，你應該意識到它們對你的作用了，然後把它們分別寫下來，整理好後再逐條分析，並逐一重建認知，必要的時候還可以將這些話轉告給你的父母和親戚，讓他們允許或監督你從現在起做一些自己能力範圍內的事情，而不要總是拿那些話去指責和阻止你，要用鼓勵性的話給你勇氣和自信心。

　　依賴型人格障礙患者對自己做決定這件事是帶有一種恐懼心理的，生怕做錯了，失去對方的肯定等。實際上，每個人都有自己的能力範圍，更有自主做選擇的權利，只是你將這種權利放棄了而已，況且你都還沒有嘗

試著自己去做，怎麼就斷定了結果呢？

所以，從現在起就賦予自己勇氣，大膽地去嘗試一些新鮮事物，比如，你可以自己做決定去周邊的公園或娛樂場所放鬆一天，當作讓自己放假，也可以試著在某一天內不要依賴任何人，自己去做一切決定等等。透過這些訓練，久而久之，你獨立行事的勇氣便會有所增強，並漸漸不再需要事事都依賴他人，最終克服依賴型人格障礙。

矯正迴避型人格

▶ 迴避型人格障礙案例

小汪從小就不太喜歡說話。最近，已經工作一年的他總是被老闆指責。其實，小汪在公司的表現是很不錯的，工作不到一年就被升為部門經理，同事和老闆還是很看好這位年輕人的。只是，升為部門經理之後，小汪開始憂心忡忡了，每天的工作量並不大，但他卻總是神經緊繃。

一天下來，別的同事都是笑嘻嘻地下班了，而小汪卻天天一臉愁容，下班時間到了，還不願離開辦公室，有時候甚至累得趴在電腦桌上睡好幾個小時。如果小汪如此努力換來的是極高的工作效率，老闆肯定不會說什麼，但事實並非如此，他經常無法在下班時間完成工作，在召開例會時也時常恍神。為此，領導不止一次約談他。

一段時間之後，小汪深感體力不支，晚上睡不著覺，早晨起不來，上班時神經緊繃，有時候甚至緊張得不能工作。他也考慮過辭職，休息一段時間，但又覺得現在取得的一切很難得，不想就這麼放棄。

第五章　重塑自我—跨越人格障礙

後來，小汪把這種情況說給最好的朋友聽，在朋友的建議與支持下，小汪找到了心理師。在心理師的指引下，小汪回憶了自己以往的經歷。

原來，在小汪讀小學二年級那年，小汪和夥伴們一起玩遊戲，但由於不小心，他從高處摔了下來，四腳朝天的樣子讓他感到很尷尬，恨不得當場就鑽進地洞裡去，而且當時有很多同學在場，大家都笑得人仰馬翻，這為他留下了很深的印象。那次之後，小汪就再也不敢和夥伴們玩遊戲了，每次都是自己悄悄地躲在一邊，性格也變得越來越內向，不愛與人接觸。

更重要的是，他從那次之後就非常在意一些細節，比如昨天的領子捲起來了，被某個同學嘲笑了；今天的鞋帶散了，被同學踩到了等等，每次都十分緊張和不安。考大學那年，小汪產生了放棄考試的念頭，原因是怕自己考不上大學，後來在老師和家長的鼓勵下，小汪勉強參加了大考，但依舊覺得自己考不上。

結果，成績出來之後，小汪的成績很不錯，並被心儀的大學成功錄取。大學期間，小汪的症狀並沒有緩解，和同學、老師的交流還是非常少，不敢在人多的地方出現，時常會有緊張感和焦慮感。大學畢業後，小汪就找到了現在的這份工作，並由最初的一個小職員升為部門經理。

經過幾次交談，心理師認為小汪符合人格障礙的診斷標準，並確診其為迴避型人格障礙患者。小汪這才了解到自己一直都有迴避型人格，他開始積極配合治療，按照心理師的建議持續進行自我矯正訓練，症狀才漸漸得以緩解。

▶ 迴避型人格障礙及其診斷標準

迴避型人格障礙也稱為焦慮型人格障礙，患者往往會出現典型的迴避行為，尤其是迴避社交，在人多的場合總是擔心被恥笑，自感無助和無

能，怯懦、膽小，表現為過分焦慮和擔憂，生怕在社交場合遭到拒絕或批評。案例一中的小汪就是十分典型的例子，那麼，究竟這類人格障礙需要符合哪些條件方可確診呢？

1. 社會行為或功能退化，對一些需要有人際交往的社會活動或工作總是迴避或乾脆退出；

2. 身邊除了親人之外，沒有或只有一個好朋友或知己；

3. 別人的批評或否定意見很容易對他們產生重大殺傷力，他們會因此而受到傷害；

4. 自卑，在某些社交場合，總是擔心被嘲笑或因為過分擔憂出錯而時時緊張不安，進而不與他人有更多交流；

5. 羞澀敏感，害怕露出醜態；

6. 過於放大生活中的正常挫折，誇大潛在的困境和危險，進而迴避一切被認為不安全的事情和活動。

在以上六項標準中，如果至少符合三項，便可確診為迴避型人格障礙。

▶ 迴避型人格障礙的形成原因

迴避型人格障礙的最大特徵就是社會功能退化，行為減少，心裡自卑感強，面對挑戰多採取迴避的態度。引發這類人格障礙的病因通常有以下幾種：

1. 生物學因素。具有迴避型人格障礙的個體往往在出生時就呈現出了一種難以撫慰的脾氣或人格特質。即人的性格在出生時就已經有了初步的

第五章 重塑自我—跨越人格障礙

分化性特徵,個性也在此基礎上形成,譬如一個人自小就比較內向,不善言談,害羞,這些特質就成了迴避型人格障礙的潛質,說明這個人很容易在今後的生活中出現迴避型人格障礙。此外,那些對社會中的負面情緒刺激表現出高度敏感的兒童,也很容易患上迴避型人格障礙。

2. 家庭環境因素。父母如果傳遞給孩子的是一種嫌棄,甚至是厭惡之感,或者是孩子認為自己的父母對自己不滿或厭惡,就很容易產生罪惡感。有研究發現,患有迴避型人格障礙的人通常都有類似的看法。

3. 自卑心理因素。有研究已經證實,迴避型人格障礙的根源是個體的自卑心理,也是這種人格障礙形成的最主要原因。自卑源自幼年時期,孩子會因為無能而產生不能勝任和異常痛苦的心理感受,其中也包括因生理缺陷或心理缺陷而出現的自我輕視思維。比如身體不健全或智力發育不健全、記憶力或性格等方面有問題等,都會導致孩子自認為在某些方面不如其他人的看法。當然,也不排除很多人是在成年之後遭遇類似境況,這也同樣會導致迴避型人格障礙。

心理學家認為,一個人自卑感的形成主要有以下幾個方面的原因:

一是過分消極的自我暗示。生活中,我們每個人都要面臨一些不同的或全新的處境,這個時候絕大多數人都會首先進行自我衡量或自我評估,看看自己是否有足夠的能力去應對。於是,有的人就因為對自己的了解不足或欠缺自信心,而認為自己「不行」,這個消極的暗示導致原本就不強大的自信心再度受挫,緊張感增加,心理負擔也隨之增加,結果勢必不盡如人意,而這種不佳的結果又會反過來進一步暗示他們:「不行,看來是真的不行。」如此惡性循環,自卑心態便逐漸增強了。

二是對自己的過分低估。一個人對自己的評價往往並不僅僅是自我的

矯正迴避型人格

評估,更多的還是要結合他人對自己的評價,尤其是那些說話比較具有權威性的人的評價。而一旦他們給出的都是比較低的評價時,往往就會影響到我們的自我評價,甚至過分地低估自己。這種情況在性格內向的人身上更加常見,他們習慣於接受他人的低評價,而對高評價視而不見,也常常用自己的短處與他人的長處較量,結果越來越自卑。

三是失敗和挫折的影響。我們知道,生理和心理上的缺陷很容易使人陷入自卑,除此之外還有家庭出身、經濟條件、工作性質等,都會為人們帶來不同程度的自卑感。有的人面對這些會一笑而過,然後繼續奮鬥,這些不但沒有使他們自卑,反而給了他們努力的動力;但對於有的人來說,即便是十分小的挫折和失敗都是重大的打擊,致使他們變得消沉和自卑,而這種自卑感如果沒有得到及時、妥善的處理,久而久之就會變成他們人格的一部分,表現在行為上就是遇事退縮不前,甚至直接迴避,最終形成迴避型人格障礙。這其實是由於他們神經系統的感受性高而耐受性低,即對挫折的感應比一般人要強烈造成的。

▶ 迴避型人格障礙的自我修復

了解了迴避型人格障礙的形成原因,或許我們就有了治療的重點和方向。心理學家認為,迴避型人格障礙的診治應當從自卑感的消除和交際障礙的克服這兩點出發,在逐漸消除自卑感、提升自信心的同時,結合人際交流的逐漸加強,雙管齊下,共同發揮作用,最終達到消除症狀的目的。

1. 自卑感的消除

首先,要全面客觀地認識和評價自己。我們已經知道,自卑心理的產生多半是因為對自己的評價過低,因此,你需要全面地了解和評價自己,

第五章　重塑自我—跨越人格障礙

重新認識自我並提高自我評價。在日常生活中，你要重建認知，對自己多做正面評價，善於發現自己的優點，缺點既然不可避免，但也不要拿它們去和別人的優點做比較。人無完人，缺點人人都有。

其次，心理學家研究發現，有自卑感的人往往比較謙虛，會體諒人，很少與人爭奪名利，做事謹慎，為人也隨和好相處，這些其實都是自卑者的優點，只不過一直都未被發掘。但心理學家指出，這些優點並不是讓自卑者繼續保持自卑，而是要挖掘出一直被隱藏的優點，進而產生自信，不要總是覺得自己一無是處。因而，從現在起，全面認識自我，為自己做出客觀、全面的評價，提高自信心，相信你也是很棒的。

最後，做好正向的心理暗示。心理暗示的力量是非常大的，正向的心理暗示能夠使人產生巨大的心理正能量，提高自信。所以，你一旦感到自卑、信心不足時，不妨給自己一些正向的心理暗示，比如「我肯定可以！」、「我也是正常人，別人能做的事情，為什麼我就做不好？」等等，然後再勇敢嘗試，這就已經成功了一半。可見自卑心的消除，還需要當事人不要在行動之前給自己過多的失敗提示，而是多些鼓勵，充分激發被壓抑的自信心。

2. 交際障礙的克服

患有迴避型人格障礙的人往往都有不同程度的人際交際障礙，比如與人交談時害羞，不善言談，害怕在眾人面前露出醜態等等。專家建議，你可以針對這種情況制定克服人際往來障礙的交友計畫並嚴格按照計畫執行，逐步消除並最終克服交際障礙。這項交友計畫可以先從簡單的起始階段開始，你可以根據自身狀況逐次加大難度。交友計畫舉例如下：

第一週：每天與同學、室友、同事、鄰居或家人等其中的某一個人聊10分鐘。

第二週：像前一週一樣，和他們中的某一位繼續聊天，並持續聊 20 分鐘，和其中的某一位也可以多聊 10 分鐘。

第三週：保持上一週的聊天時間長度，這週最好找一個談得來的朋友，坐下來進行一次不計時的聊天。

第四周：繼續保持上一週的聊天時間長度，找幾個朋友小聚一回，期間可以隨意談心，也可以在週末進行一次外出郊遊。

第五週：保持前一週的聊天時間長度，積極參加一些討論會。

第六週：依舊保持前一週的聊天時間長度，試著去和陌生人搭話，或者和不太熟悉的人交流。

這項交友計畫看似不難，但實際操作起來並不容易，所以還是有必要找個監督者，幫忙監督任務有無達標，監督是否有進步等等。期間如果覺得枯燥無味，甚至有想放棄的念頭，也很正常，但都要設法克服。咬牙度過難關，後面就會變得輕鬆了。

矯正自戀型人格

▶ 自戀型人格障礙案例

一

鄧某是一間知名大學的高材生，年輕能幹，現在已經是一家外商公司的部門經理，月薪十分令人稱羨。今年 29 歲的她算是公司裡最年輕的管理人員了，身為一名女性，她的事業已經可以說是很成功了。鄧某生性爽朗，但脾氣不好，又非常自信，常常唯我獨尊，不能接受任何批評。

第五章　重塑自我—跨越人格障礙

她有一個青梅竹馬的男友劉某，比她小兩歲的劉某大學畢業之後一直在一家中小企業上班，並擔任技術管理一職，雖然收入沒有鄧某高，但工作不累，性格有點內向和被動，對鄧某也非常好。兩人性格互補，感情深厚，但兩人最近卻常常因為一些生活瑣事起紛爭。

事實上，他們的問題是在同居之後才開始出現的，雖然整天吵吵鬧鬧，但雙方心裡還是有彼此的，結婚的日期也在爭吵中定了下來。近期，雙方對於房子裝修的問題一直無法達成共識，鄧某希望各方面都按照她的想法做，根本不接受男友的建議，甚至有一次在爭吵中鄧某還罵劉某沒有眼光、沒有主見、窩囊等十分不入耳的話。

劉某畢竟是男人，開始時他一直忍讓，直到後來鄧某「啪」一個巴掌打在他的臉上。至此，雙方感情破裂，原訂的婚期也取消了。鄧某雖然有點後悔，但也不願低聲下氣道地歉，眼看已經年近三十，鄧某心裡其實也不是滋味。

此後很長一段時間，鄧某都非常難受，常常失眠，白天沒有精神，脾氣也越來越暴躁，這已經嚴重影響到了她的工作和生活。這件事被她的一個好姐妹得知了，剛好這位好姐妹的丈夫是位心理師。在一次比較輕鬆的聊天過程中，這位心理師順便替鄧某做了一次心理狀態分析。

他根據鄧某的描述以及最近發生的事情進行分析，鄧某性格中的自信程度已經超越了常人，並且唯我獨尊，頤指氣使，不能接受批評，這是典型的自戀型人格。加上在公司裡鄧某一直都是管理職，很多人都得聽她的指揮，所以，也有職業病的成分在。

正因為如此，才導致鄧某變得越來越強勢，希望在家庭生活中，另一半也要毫無條件地聽從自己的安排，否則就暴跳如雷。如果婚後果真如此，那這種婚姻就是失衡的，陰盛陽衰，男性的壓力也會與日俱增。可見，這種自戀型人格障礙對個人婚姻的影響是非常大的。

鄧某在這位心理師的說服下，決定改變自己的脾氣，並接受了矯正建議。不久之後，鄧某主動找到劉某，向他道歉，兩人關係也有了緩和。

二

挪威爆炸槍擊案的凶手安德斯・貝林・布雷維克（Anders Behring Breivik）想必已經被很多人所知，但最令人們記憶深刻的是，這個凶手有著一張自信十足的臉——細長的鼻梁、尖尖的下巴和冷漠深邃的眼神……據了解，布雷維克在這次襲擊還未開始之前就已經準備了很多年，他為了讓自己呈現出完美的外表，曾多次進行了整容手術。

挪威的心理學家斯文・托格森認為，布雷維克患有嚴重的自戀型人格障礙。殺人之後，他的臉上露出的是滿滿的自豪感，沒有一絲愧疚之意。人們從他的一張普通照片上也可以看出，他的臉上時刻都展現出一種勢在必得的喜悅，似乎在暗示著他對自己非常滿意。

三

有一位年輕的女碩士婁某，現年26歲，是一名文學系的研究生，從小學到大學一切都非常順利，沒有經歷過什麼挫折。大學畢業之後，她繼續攻讀研究所，而就在研究所期間，她開始覺得很無助，甚至已無心再堅持下去。

原來，就在前不久，她寫了一篇論文，這篇凝聚了婁某許多汗水和心血的論文被她自己視為經典，本以為會轟動一時，在文學界產生重大影響。但在論文還未寫完時，她的導師就提出了意見，要求她中止寫作。婁某不認同這個做法，她太有自信了，總以為是導師在嫉妒她的才能，擔心這篇文章一旦發表，會掩蓋他們的光芒。所以，她堅持繼續寫作，認為導師在故步自封，自己沒有必要陪他們一起，甚至想要用實際行動去證明自己。

第五章　重塑自我—跨越人格障礙

她還坦言，最近和同寢室的室友也出現了很多矛盾，以前關係很好的姐妹，現在卻交了惡。婁某一度認為是同伴在嫉妒自己的才華，擔心自己超越她，所以才想在背後搞小動作。為此，婁某天天心情低落，天天失眠。不得已，婁某找到了心理師，聽了她的自述，心理師認為婁某是患上了自戀型人格障礙，需要及時進行治療。

▶ 自戀型人格障礙及其診斷標準

自戀型人格障礙的患者多數都有以自我為中心的特徵，他們總是過度地重視自己，對他人的評價又過分敏感，別人的讚美之言，他們聽後會洋洋得意，但如果聽到批評的言語，他們就會暴跳如雷。他們妒忌他人的才能，甚至有自己得不到的別人也不能得到的想法。在與人相處的過程中，幾乎不會換位思考。

這類人缺乏一定的同情心，因而人際關係也不好。在很多方面，他們都有不切實際的追求目標，自視甚高，不容他人對自己有一絲一毫的貶低言論。所以，他們常常會遭遇來自各個方面的挫敗。

在以上三個案例中，鄧某因為自戀而張揚跋扈，試圖操縱工作和生活中的一切，為此，她失去了青梅竹馬的戀人，自己也陷入情感挫折之中；案例二中的凶手也正是因為自戀型人格障礙，多次整容並對自己過分迷戀，即便是在行凶之後，也依舊流露出自豪的神情；而案例三中的婁某也是自信過頭，認為身邊的人都在嫉妒自己的才能，導致自己難以繼續攻讀研究所。

日常生活中，人人都有或多或少的自戀傾向，我們常說某人很自戀，但對方並不一定就是自戀型人格障礙。那麼，我們要如何確診這種自戀型

人格障礙呢？目前尚無完全一致的診斷標準，但通常只要符合以下專案中的五項，基本上便可確診為自戀型人格障礙：

1. 過分自大，自信心爆滿，對自己的才華讚不絕口，甚至誇大其詞，期望引起他人注目；

2. 總是喜歡指使別人為自己做事，為自己服務，完全聽從於自己的意見；

3. 渴望擁有永遠的關注與讚美，喜歡被簇擁的感覺；

4. 嫉妒心強，見不得別人超越自己，自己得不到的也不願讓別人得到；

5. 不能接受批評，對批評和否定的第一反應是憤怒、羞愧，甚至感到可恥，但並不一定表露出來；

6. 十分堅信自己所關注的問題是世上絕無僅有的，認為這通常不會被某些特殊人物所了解；

7. 總是對永久性的成功、權力、榮譽，包括美麗的容貌、理想的愛情等存有不切實際的幻想；

8. 十分自信地以為自己理應享受別人沒有的待遇或特權；

9. 缺乏同情心，導致難以建立親密關係，人際關係也比較糟糕。

▶ 自戀型人格障礙的形成原因

自戀型人格障礙的成因，簡單地說應該是與幼年時期的經歷有關。現代客體關係理論分析認為，自戀型人格障礙患者是「以自我為客體」的，也就是一種「你我不分，他我不分」現象。而造成這種現象的原因應當追溯到患者的幼年時期。經典精神分析理論認為，自戀型人格障礙患者無法

第五章　重塑自我—跨越人格障礙

將自身本能的內在能量投射到外界的某一個客體上，能量不能投射，就只能積聚在自身內部，這就形成了自戀。

幼年時期的經歷，譬如父母長期分居，不能在子女身邊照顧他們，或者父母關係不好，一方對另一方的態度極其惡劣，或者是父母的過度溺愛等，這類經歷都會促使孩子產生「我愛我自己」的思維方式，認為只有自己愛自己，才更加安全和可靠。

精神分析學家海因茲・科胡（Heinz Kohut）特認為，每一個人在嬰幼兒時期都帶有自體自大、誇大的傾向，譬如嬰兒只要稍稍有不適感，就會放聲大哭。在他們極小的時候，是家長懷裡的「小王子」、「小公主」，當他們在父母那裡獲得滿足後，便自覺歡樂；如果不滿足，則表現出不滿，甚至是暴怒。當然，不滿足的情況極少出現，因為家長將他們照顧得很周到。

但當嬰兒生活在長期無法獲得誇大的自體自戀的滿足的環境中，嬰兒便會對外在失去希望，大腦就會根據實際情況而放棄這種寄希望於外在的正常的循環迴路構成，轉而用自體幻想的循環迴路去填補這一空缺；而這種幻想會阻礙自體去了解正常的自戀的現實性，超出普通人可以接受的範圍，進而形成自己特有的自戀傾向，導致自戀型人格障礙中的誇大個性的表現。簡單來說，嬰兒在這個過程中學會了自我關注，而這種自我關注成為他們求生的一種本能。

此外，科胡特還認為，家長，即撫養者的情緒、個性如果經常出現問題的話，就會在這期間將自己的自戀失敗的憤怒情緒傳遞給嬰兒，內化到嬰兒的心裡訊息處理系統中，最終成為嬰兒在往後無意識中判斷人際關係的部分情感基礎，這就是有名的「轉變性內化作用」觀點。久而久之，就

會對嬰兒成年後的人際情感能力造成直接影響。

還有一種情況是，父母本身就非常自戀，自戀的父母是很難去關注孩子的心理需求的，導致孩子的內心需求被忽視、羞辱，甚至是攻擊。那麼，孩子就會在內心深處產生極度需要被愛、被關注的渴望。對於這些缺乏關愛的孩子來說，為了贏得關注和認可，就變得比較愛表現、愛表演，並養成做作型人格。

因為缺乏關愛，孩子沒有安全感的保障，他們會想辦法啟動自我保護機制，嘗試模仿，並很快發現這一行為能夠達到操控父母和其他人的目的，多次實踐之後，他們很容易走上模仿表演的道路，最終形成做作型人格障礙，舊稱為癔症型人格障礙。

這裡我們需要了解的是，做作型人格障礙和自戀型人格障礙的表現極其相似，兩者唯一的不同之處是：前者的患者比較外向和熱情，而後者的患者則偏於內向和冷漠。

▶ 自戀型人格障礙的自我修復

針對自戀型人格障礙的治療，有關專家提出了以下兩種方式：

1. 排除以自我為中心的思維方式。我們已經知道，患有自戀型人格障礙的人總有自我中心觀念，認為自己是獨一無二、不可超越的。在分析了該人格障礙的成因之後，我們看到，很多自戀型人格障礙患者的行為都比較傾向於嬰兒化，或者說他們的言行和思想已退回到嬰兒時期，自然就不可能適應成年人的世界和生活。所以，自我修復的第一步應該要排除這種以自我為中心的思考方式。

你可以在充分了解了嬰兒行為的前提下，把自己以為的會令人厭煩的

第五章　重塑自我—跨越人格障礙

個性特徵、他人曾經對自己做出的批評都一一羅列出來，最好寫在一張紙上，譬如「我希望一直被關注和讚美，但有人批評我時我會發脾氣」或者「我喜歡被簇擁，像皇帝一樣，還可以指使別人去做事，但很多人都不喜歡這一點」等。

接下來，要好好回憶一下小時候的事情，想想自己是如何一步步在父母和親戚的誇讚下長大的，或者小時候被母親無微不至地照顧，茶來伸手，飯來張口，自己彷彿就是個美美的「小公主」或「小王子」；又或者總是想方設法地想要得到父母的關注，常常故意惹事、調皮搗蛋，以此引起父母的注意……諸如此類的回憶會使你意識到，如今的你其實還在渴望小時候的生活，有童年時期的某些幼稚行為的影子。

意識到這一點之後，就要警告自己不能再這樣下去了，畢竟今日的你已經成年，肯定不能再回到小時候了，唯一的方式就是改變自己，改變以往的以自我為中心的幼稚行為，認識到這個世界並不只有一個優秀的我，誰都可以優秀；如果我想要得到關注和讚美，就應該努力工作，用更好的業績去證明自己；我會羨慕別人的好東西，但不要妒忌，我也有我自己的好東西；我有手有腳，也不再是小孩子，很多事情要自己做，不要輕易指使別人……

當然，為了保證治療的效果，最好找一位監督者，你可以給他在你出現自戀行為時，馬上命令你停止的權力，而你也不要因此大發雷霆。只有這樣，以自我為中心的自戀症狀才會慢慢被克服。

2. 學習愛人。患有自戀型人格障礙的人缺乏同情心，內心少有對他人的關愛，只有自己，認為自己愛的前提是對方也剛好愛自己，否則是絕對不可能主動去愛別人的。所以，從現在起，你要學著去接納和關愛他人。

矯正自戀型人格

心理學家認為，如果一個人愛他人是因為被愛，那這種愛就屬於「幼兒的愛」；而如果愛是因為需要，則是一種不成熟的愛；而成熟的愛則認為「因為愛，所以才被愛」。由此可見，自戀型人格障礙患者的愛是「幼兒的愛」，也是不成熟的愛的模式。所以，要想矯正自戀型人格障礙，就必須要改變這種愛的形式，學會用成熟的愛去愛別人。

比如，你主動地去關心對方，哪怕就是一句十分簡單的招呼或安慰，對方都會覺得感激，甚至由此拉近你們之間的關係；在別人有困難時，你主動伸出雙手，對方也會銘記在心，而在你需要幫助時，對方就會二話不說伸出援手；或者當你的另一半為你削了一個蘋果，遞給你時，不要認為那是理所當然的，可以給出你的笑容，並為對方做點什麼，這樣對方會感受到自己的付出沒有白費，自然也會一如既往地照顧你……總之，不要等著被愛，而是要主動關愛對方，無論如何，你都會因此而獲得愛。

按照以上方法進行訓練，自戀型人格障礙的症狀便會得以緩解。

第五章 重塑自我—跨越人格障碍

第六章　特別關注
── 特殊族群心理調適

　　生活中總有一些比較特殊的族群需要得到社會的關注和幫助，他們處在某個階段，遭受生理和心理的雙重困擾，這個時候最需要的是心理關注和自我調節。本章針對處在青春期的青少年、處在更年期的成年人、因為失去獨生子女而陷入心理困境的父母們，以及因父母離異而成為單親子女的孩子們，根據不同的心理狀況，介紹一些心理調節的方法和治癒的技巧，希望大家早日找回樂觀和幸福。

第六章　特別關注─特殊族群心理調適

青春期心理調適

　　生物學認為，10～20歲這段時期是青春期，而在心理學上，則是指15～28歲這個年齡層，10～15歲其實還是兒童期。所以，青春期也是一個孩子從兒童轉化為成年人的一個過渡階段，被德國有名的兒童心理學家夏洛特・布勒（Charlotte Bertha Bühler）稱為「消極反抗期」，也叫「青春叛逆期」，處在這個年齡階段的孩子一般心理都不太成熟，心理封閉和叛逆成為普遍的心理現象與行為特徵。

▶ 心理封閉及其心理關注

　　處於青春期的孩子情緒不穩定，像隻刺蝟，面對父母沉默寡言，讀書不用心，卻熱衷上網和玩遊戲……很多家長都這樣描述自家的孩子：「兒子總是說不得，碰不得，稍不如意就發脾氣。」「女兒喜歡上網，我很想看看她都在幹嘛，和誰聊天，聊什麼，不想要她因此耽誤功課，但她一看到我就收起手機，還說我不尊重她的隱私。」「孩子總說學習壓力大，作業多，但我就看到他天天晚上對著電腦寫作業，不讓他上網，他就直接扔掉作業不寫了。唉，拿他沒轍！還指望他能出人頭地呢！」……

　　這些都是一些家長在見面時互相「吐苦水」時說的話，這一說才知道，原來處在這個年齡階段的孩子們都有類似的問題。他們不小了，但也不算大，他們好像什麼都懂了，但就是不懂什麼叫責任心，什麼叫懂事，更不願意多和父母溝通。

　　心理學家認為，孩子面對家長態度冷淡、性格孤僻、情緒不穩定等現象，其實是青春期的孩子從不成熟走向成熟的一個過渡階段。該階段的心

理反常現象被稱為「青春期心理閉封閉」。主要表現為：不願意向外界袒露心聲，只向一些自己信得過並且能夠親近、交流的對象開啟心扉，家長一般都被排除在外。而身為這些孩子的家長需要做的不是強行管控，而是尊重這種心理現象，給他們一個獨立空間，以朋友的身分去和他們交流，陪他們度過這段成長期。

有一位中年父親，女兒上了國中之後，在女兒 14 歲生日時送給她的生日禮物就是一個帶鎖的日記本和一個可以上鎖的抽屜，並且為女兒準備了一個單獨的小房間。他說：「丹丹，這裡以後就是妳的私人空間了，爸媽進門都會先敲門的。」丹丹一開始很驚訝，因為她的很多女同學的父母都在嚴格監視著她們的日常行蹤，更別提什麼隱私了，所以丹丹感到非常快樂，經常回家和爸爸媽媽講學校裡的事情。那本帶鎖的日記本裡也有她不願和爸媽提及的小祕密，但她和別的女同學比起來，性格明顯開朗很多。

此外，面對一些喜歡上網玩遊戲的學生，很多家長和老師也表示很擔憂。針對這種現象，心理學家建議，不要過分制止他們玩遊戲，因為會適得其反，越是被禁止的事情，他們反而越感興趣。因此，應該走進孩子的內心，多與他們交流，教他們自己做決定。如果孩子的成績一直很好，卻因為玩遊戲而出現明顯下滑，家長可以平心靜氣地和孩子談心，引導他意識到玩遊戲已經影響到了學習成績，然後把決定權交給他自己。只要孩子真正想通了這一點，加上家長的正確疏導，孩子通常都會有所克制。在此基礎上，家長可以要求孩子暫時放棄遊戲，並允許他在成績提高之後適當地玩玩遊戲。

如果孩子的成績一直都不好，最近又迷戀上了玩遊戲，家長也需要與其談心，必要時可以說服孩子制定一套學習和玩遊戲的計畫。比如每天放

第六章 特別關注─特殊族群心理調適

學後要先寫作業，在完成作業就可以玩一個半小時的遊戲，成績提高了就可以增加玩遊戲的時數等等。

總之，家長在處理這類問題時，要尊重孩子並重視他們的決定權，這有助於培養他們的自覺性和承擔責任的意識，也容易使孩子產生榮譽感和成就感。如果家長過分地介入孩子的生活，什麼事都是家長做決定，孩子一點發言權都沒有，久而久之他們就會反感，失去自信心和責任心，甚至和家長作對，形成反抗心理。

▶ 反抗心理及其心理關注

處在青春期的孩子大腦發育已經漸趨成熟，思考方式和看待事物的視角相較於童年時期也有所改變，從以前的單一化正向思維開始轉向逆向、多向、發散等思維。此外，該時期的孩子的性別意識和性意識已經逐漸強化、建立起來，也就漸漸形成了強烈的個性意識、獨立意識和成人意識。因此，叛逆是青春期的孩子的本性使然，需要家長和老師們的理解和幫助，在理解、關懷、鼓勵和尊重的前提下溝通和交流，施行勸導。

心理學家認為，青春期孩子的叛逆行為是心理不成熟的表現。由於心理上的成熟晚於生理上的成熟，再加上閱歷不足、經驗匱乏，孩子的一些認知還不到位，不堅定，容易出現動搖。思考方式有批判性和獨立性的特點，但在認知方面還是有片面性、過激、固執、極端性等問題，很容易將家長和老師的勸解、提醒、督促等當作不理解和不尊重他們的行為，內心便會產生叛逆情緒，做出和家長、老師的勸說完全相反的甚至是更為偏激的行為來。

所以，家長和老師們要留心觀察孩子的言行，不要因一時生氣就責

罵，而要在冷靜和理智的情況下，用正確的方法引導孩子自己領悟，用寬容的胸懷去看待孩子在這一時期所犯的錯誤。當然，這並不是一味包容，放任不管，而是要找到解決問題的途徑，用有效的教育方式關注和疏導青春期孩子的心理狀態。

實際上，叛逆心理與孩子的家庭環境是緊密關聯的。如果家庭環境中存在不良因素，必然會影響到孩子。比如家長粗暴的教育方式，總是用命令的口吻、無休止的嘮叨、專制式的壓制等等，都會增加孩子的心理壓力。時間久了，孩子就會在內心產生牴觸，出現叛逆心理。所以，家長應該轉變角色，不要做管控者，而是以朋友的姿態關注他們的心靈成長，給予其生活上的關照的同時，也不要忽略了孩子心靈所需要的呵護。而且，和諧的家庭氛圍也很關鍵。一個溫馨的、幸福的、充滿笑聲的家庭會為孩子的內心注入陽光，有助於其心理健康的培養，反之，孩子就很容易出現負面情緒。

青春期孩子的叛逆思想和行為也擺脫不了學校的影響。除了家庭，孩子平時待得最多的地方就是學校了，學校的教育環境和方式不當，如過分注重分數而忽略其他方面的發展，或挑剔缺點、填鴨式教學，忽略學生的學習自主性和獨立思考問題的能力，教學中偏重優等生而忽視後段學生等，都會讓學生產生反抗心理。當然，教師自身的素養也會對學生造成一定程度的影響。因此，教師們如果發現了反抗心理或行為比較明顯或強烈的學生，一定要先從學校的教育方式進行分析，找到存在於教育中的問題，對症下藥，只有這樣才能從根本上解決問題。

當然，孩子本身接觸到的同齡群體中的不良因素也會對其造成一定影響。孩子在接觸同齡人或相近群體時，很容易出現相互認同、相互感染和轉化的現象，比如愛出風頭、唱反調、突出個性等不良風氣都會潛移默化

第六章　特別關注—特殊族群心理調適

地影響和感染孩子，導致叛逆心理的出現。所以，要糾正孩子的錯誤認知，引導其用正確的眼光去分辨不同性質的言行所產生的社會意義，使其學會自我審視和自我調整。

當網路開始流行並成為人們日常生活的一部分時，孩子也會深受影響。電視和網路等大眾媒體總是注重新奇和迎合大眾的口味，所以很多內容都不可避免地會對孩子造成負面影響，使他們過早地接觸成年人世界中的不良和世俗的東西，影響孩子們反文化心態以及反文化意識的產生與形成。可見，一個剔除了雜質的、乾淨的文化環境有助於青春期孩子的文化教育。

▶ 如何對待青春期孩子

有一個法國小男孩，一天，他在客廳玩籃球時不小心將書架上的一個古董花瓶打落在地上，隨著一聲清脆的響聲，小男孩知道自己闖了禍。於是，他急中生智，趕緊找來膠水把碎片重新黏在一起，心驚膽戰地放回了原位。那天晚上，小男孩一直心不在焉，而他的媽媽也已經發現了異常，並注意到了花瓶的變化。媽媽問他怎麼回事，小男孩雖然緊張，但還是很機靈，他謊稱是一隻野貓從窗戶外面跳了進來，然後撞倒了花瓶。

媽媽當然不會相信，但是她並沒有當場拆穿孩子的「謊言」，反而在就寢之前來到孩子的房間，並把一個裝有三塊巧克力的盒子擺在小男孩的面前。她拿出一塊巧克力，對兒子說：「這是我獎勵你的，因為你的想像力簡直太神奇了，在你的大腦裡有一隻會開窗戶的貓，也許不久的將來你會寫出一部非常精彩的偵探小說。」

小男孩十分訝異地看著媽媽，只見媽媽又拿出一塊巧克力，說：「這塊也是獎勵給你的，因為你出色的修復能力，居然讓一個破碎了的花瓶又

恢復了原樣,把裂縫黏合得幾近完美。」然後她又把第三塊巧克力放在了小男孩的手上,說:「這塊巧克力代表我的歉意,身為母親,我不該把容易破碎的花瓶放在容易掉落的地方,我為對你造成的驚嚇感到抱歉。」

此時,小男孩早已不再緊張或害怕了,反而覺得媽媽特別美麗和偉大。那次以後,小男孩就再也沒有撒過謊,因為他意識到媽媽是那麼愛他並且保護他的自尊心,為了母親他也願意做個不撒謊的好孩子。

心理學家認為,教育方式和孩子的人格形成之間有著十分特殊的密切關聯。比如,孩子生在一個「麻將世家」,父母都會打麻將,那他八成也會打麻將。所以,如果家長希望自己的孩子好好讀書,不妨先自己做出榜樣,即便不愛看,也要試著做出看書的樣子,為孩子做一個正面的榜樣。下面是心理學家給家長們的一些建議:

1. 試著用無知的心態去看待孩子的世界。現代社會已經不同於以往,資訊攝取量變大了,價值觀變得多元化了,現代人大多都在追求舒適和享受。當孩子出現自己不認同的思想和行為時,家長應該放低姿態,和孩子共同去認識新事物,而不要總是用自己既往的經驗去處理現在的問題。

2. 允許孩子有自己的個性。每個人都需要有自己不同於別人的地方,孩子也一樣,他們也希望自己受到關注,家長應該積極認同,不要做出絕對的否定,而是辯證地接納,允許孩子展現個性,並引導孩子意識到自身行為的積極和消極意義,指導其正確理解和展現個性。

3. 改善與孩子的關係。家長要主動和孩子維持良好關係,在孩子身上找回自己的好奇心和童心,藉助積極認同,透過溝通達到充分同理的目的。在溝通時注重肢體語言的運用,少用刺激性、貶低性的口頭語言。讓孩子在家裡徹底放鬆,感到在家中有充分的安全感。在出現矛盾或爭吵

第六章　特別關注─特殊族群心理調適

時，要避免矛盾激化和擴大，關鍵時刻要有策略地解決衝突，比如延遲發怒時間、暫時離開矛盾現場等。必要時也可以做出部分退讓，換位思考並做出讓步。

4. 尊重少數群體的觀念和文化。家長們會在一起討論，某某家的孩子不善言談、性格內向、不愛說話、不陽光等，諸如此類的言辭評價會貶低孩子，影響其自我評價。所以，家長應該尊重孩子的性格，用辯證的觀點去看待不被大眾接受的少數群體的觀念或文化。比如，孩子不夠陽光、性格內向，還有點憂鬱，那家長應該做的不是否定他，而是引導孩子發現自己身上的優點和長處，因為多數詩人和有成就的人都屬於內向性格，憂鬱的人更懂得體悟生活，懂得用文字表達內心。

5. 用成長和發展的眼光看待孩子。讀書不是孩子在這個年齡階段裡唯一的事情，比學習更重要的還有人格的塑造，家長不能忽視了這一點。所以，當孩子有一些不愛讀書的表現時，不要過分著急，更不要輕易動怒，要用成長和發展的眼光去看待自己的孩子，允許他們犯每個年齡階段都會犯的錯誤，因為不同年齡階段的經歷往往是一種成長的資源，既寶貴又沒有第二次機會。

6. 巧妙引導孩子面對「早熟戀愛」的問題。「早熟戀愛」是一種不成熟心理的表現，需要有正確的引導，家長在發現孩子有「早熟戀愛」傾向時，要引導其轉變方式，用正確的方式去喜歡一個人，比如家長可以引導孩子好好學習，將來和對方考上同一所大學等等，並用一種欣賞的眼光去看待孩子在這個年齡階段表現出的美好情感，而不是一味否定和阻撓。當然，在處理這個問題時，家長可以多留心、多花時間，但不要在孩子面前過分強調後果，根據孩子的實際情況採取具體的處理方式，一定要巧妙，切忌操之過急。

7. 家長最應該給予孩子的是理解。父母在和孩子相處時，一定要理解在先，青春期的孩子之所以會出現心理封閉和叛逆，就是因為他們認為家長根本就不理解自己。所以，家長要先站在孩子的視角上看待問題，多和孩子分享，幫助孩子，但不要隨意為他們做決定，不要用價值觀的批判性語言去和孩子交流，而是說出自己的擔憂和感受，給予建議而不是命令。

更年期心理調適

廖女士今年47歲，最近她總是懷疑丈夫周某有外遇，好幾次跟蹤丈夫，觀察他與另外一位女性的往來。每次周某回家後，廖某做的第一件事再也不是遞拖鞋給周某，並接下他手裡的手提包，而是檢查他的衣服上有沒有香水味，並且不停地詢問他這一整天的行蹤。周某火了：「我受不了了，離婚！」廖某一聽丈夫提出離婚，嚇傻了，她倒在床上大哭，認定周某肯定是有外遇了，不然不會這麼大年紀了居然還要和自己離婚。

這件事情之後，廖某打電話給在外地工作的女兒，很委屈地向女兒講一些煩心的瑣事，包括周某的離婚要求。女兒詢問廖某這段時間都有哪些情緒表現，並問她跟蹤父親後都發現了什麼。廖某支支吾吾：「其實我也沒發現什麼，你爸白天在公司工作的確很累，我打聽過，那個女的其實就是他們公司最近新合作的商家代表。」

「就是啊，妳先別著急了，爸爸肯定是一時氣話。」女兒安慰完了廖某，就打了通電話給周某。在電話裡，她了解了真實情況，並提醒父親帶廖某去看看心理師，因為她覺得母親是因為更年期到了，所以才會胡思亂想。

第六章　特別關注—特殊族群心理調適

　　周某當天下午就帶著廖某去看了心理師。醫生根據廖某的自述，再向周某了解情況，在確定周某的確沒有外遇問題之後，心理師說廖某現在正是更年期，比較敏感多疑，難以控制自身情緒。加上本人並不知道自己的情況，就把外界的各種因素放大處理，導致情緒失控，一反常態。心理師還介紹了更年期容易出現的症狀，建議廖某不要過分自責，要注意心理調節，及時消除焦慮、緊張等負面情緒，只要保持良好的心態，加強鍛鍊，堅持一段時間就會好轉。

　　同時，醫生還不忘叮囑周某，要理解妻子的情緒變化，因為廖某所表現出來的「懷疑」，是屬於更年期的病症反應，即妒忌心理，身為丈夫要關心其身心健康，盡量讓廖某處在愉悅的家庭氛圍裡，對其表現出來的不同於以往的言行要體諒和理解，不要過度在意，幫助妻子一起度過難關。而針對廖某的妒忌心態，心理師建議，在病情較輕的情況下，可以服用鎮靜劑、女性荷爾蒙等藥物，需要及時發現及時治療，否則可能會轉化成精神疾病，產生嚴重後果。兩個月後，廖某感覺到自己的情緒漸趨穩定，也不胡亂猜疑了，生活又恢復了之前的平靜。

　　更年期是一個人由成年向老年過渡的一個階段，女性一般在 45～55 歲就步入更年期了，男性通常在 50～60 歲。也就是說，更年期是每個人都需要經歷的一段時期，只不過在女性身上所展現出來的變化會更明顯一點。不管是從心理或生理上來說，還是站在社會功能的角度上，處在該階段的人一般都比較成熟、幹練，但體內內分泌已經出現改變，其他生理功能也逐漸走向衰老，進而由生理變化引發一系列心理變化，所以更年期也被稱為人生中的第二個「多事之秋」，需要更多的護理和保健才能順利度過該階段。

　　首先，要站在科學的角度認識更年期是人類生命的必然轉折時期。該時期是不以人的意志為轉變的，屬於一種自然規律。當然，每個人在這一

時期的表現都不一樣，病症的輕重程度、時間長短等都有所差別。即將進入更年期的或者已經進入更年期的人，特別是女性，需要給自己一個心理緩衝的過程，做好準備去接受，要盡力提高自我控制的能力，既要認識更年期比較常見的一些症狀在自己身上的具體展現，又要有意識地去控制這些症狀，如果內心煩悶、情緒低落，要懂得安慰自己，進行適當的調適，切忌盲目懷疑、猜忌，不要總是有意識地去尋找缺陷，避免影響到自己的情緒。

其次，要正確看待這一時期出現的所有症狀，發現問題要及早調理和診治。有些人在更年期不會有太大的情緒和心理反差，而有的人卻非常明顯，但不管有沒有發現症狀，都應該主動去做健康體檢，及早做好自我調節的準備。

最後，處於更年期的人還需要有家人的關愛和理解。站在一個家庭的角度上分析，妻子和丈夫中的任意一個人處在更年期時，另外一方都要充分理解和體諒，對個人、家庭、社會等都要有一個正確的、積極的評價和認知，一方面自己要意識到自身狀況，盡力克制，另一方面家庭成員也要努力適應和配合，多包容。子女在此時也要多與父母溝通，假如他們出現煩躁、易怒等情緒時，一定要給予理解、寬容與照顧，幫助他們度過這一關。

失去獨生子女的心理調適

陳女士一家原本是一個很幸福的三口之家，丈夫在外忙事業，乖巧聽話的兒子陪在自己的身邊，但這幸福卻在某一日徹底結束了。當天，陳女士18歲的兒子江某突發腦出血，經搶救無效死亡。從此之後，陳女士便

第六章　特別關注─特殊族群心理調適

成為眾多喪子者中的一員。

兒子離開後，陳女士也與丈夫辦理了離婚手續。事實上，陳女士和丈夫的關係並不好，每次兒子問她，她都會謊稱是因為父親在外面忙工作，所以很少有時間回家。陳女士在離開丈夫時，沒有提出任何財產要求，只帶走了兒子生前睡過的大床和床前的一張照片，還有兒子小時候玩的玩具。

此後的三年，陳女士換掉了手機號碼，隻身一人躲進了一個與世隔絕的鄉下小村裡，與外界斷絕了一切往來。而三年後，她重新回來，經人介紹重新建立了一個家庭，但失去兒子的創傷依舊時時刺痛她的心。一個偶然的機會，陳女士在網路上結識了一群與自己有著類似經歷的人，他們主要透過一個群組互動，在這個由137個人組成的「喪子者」群組中，有將近一半的人和陳女士一樣，先是喪子，然後就是離婚。大家似乎很有默契，不提喪子之痛，但會彼此安慰，相互鼓勵。

喪子者是指那些失去子女的父母，他們大多都在50歲以上，女性一般都是在失去生育能力之後。家中只有一個孩子，但這唯一的心肝寶貝卻因為意外事故或天災人禍而比白髮人先走一步，這些失去了獨生子女的父母在此後的歲月中，既沒有了再次生育的能力，也永遠無法擺脫喪子的悲痛。

喪子者是一個正日益龐大的社會群體，也是長期被人忽視的群體。當唯一的孩子離他們而去，他們的幸福生活也瞬間戛然而止，悲痛永遠都會盤踞在他們的生活中，無法消除。他們選擇繼續活著，但又要如何去安置自己的後半生呢？如何將痛苦化解？周圍的人又該給予他們什麼樣的幫助呢？

陳女士在喪子後斷絕了與以往所有親戚朋友的聯絡，她覺得哪怕親戚

們只是向她問好,都會令她感到萬分痛苦,不由自主地想起傷心的往事,而在與那些跟自己有著相同經歷的喪子者們在一起時,她才會感到溫暖,才會從中得到想要的安慰。心理學家認為,這是因為過於傷痛的經歷存在於他們極為敏感的神經內部,一點點關於過去的人或物的出現都會牽動他們的敏感神經,導致他們再次陷入悲痛。這其實也是喪子者的創傷心理在發揮作用。

這又讓我們想起了那些造成慘痛傷亡的地震災害。在災害中喪生的獨生子女家庭的孩子,任憑父母如何聲嘶力竭地呼喊,也不能改變這殘酷的現實,而這群失去了子女的父母從此就成了喪子者。有研究發現,在地震這種天災中喪失親人的喪子者群體的心理創傷是最嚴重的。

曾有心理學研究者對一群喪子的母親做了調查,主要觀察她們是否出現以下幾種症狀:一是緊張、焦慮,難以擺脫恐懼情緒的困擾;二是迴避談及地震的話題,甚至不願意與人交流,把自己完全封閉起來;三是因心靈受到重創而出現失憶;四是連續不斷地做一些與地震相關的噩夢,並經常從夢中驚醒。調查的結果顯示,接受訪問的人中有 87% 都出現了以上症狀,當被問到將來有何打算時,有 90% 以上的人都說不知道。喪子的母親已經被這一悲痛擊垮,不僅難過,而且對未來的生活也感到異常迷茫和擔憂。

在喪子者中,父親們的悲痛其實也不亞於母親們,但他們在喪子之後卻更傾向於接受現實,用忙碌的工作去掩蓋自己內心的悲痛,因此很多父親都選擇外出工作。

此外,夫妻之間的互動也對他們的心理狀況產生一定影響,如果一方還處在「尋找責任」的階段,出現敵對情緒,那另外一方勢必也會受其影

第六章　特別關注—特殊族群心理調適

響而表現出敵對情緒，雙方相互影響、相互強化，喪子的心理創傷將一直滯留在受傷早期，難以癒合。如果喪子的父母們目睹了現場的慘狀，就很容易受到噩夢的困擾，他們往往因為未能見到子女最後一面而深深自責和愧疚。

要想幫助喪子者走出心理陰影和傷痛，除了需要進行專業的心理危機處理，其實更需要有社會的支持。良好的社會支持有助於喪子者面對現實，幫助他們度過心理難關。然而，在一項調查中，研究者發現，在眾多喪子的父母中，只有少數的人得到了充分的社會支持。

所謂社會支持，主要集中在兩個方面，一是源自好友的鼓勵和支持，穩固的社會關係會為喪子者帶來很大的精神支持，讓他們感到在精神脆弱時還可以有個依靠；二是源自那些有著類似經歷的人，因為經歷相似，所以很多時候都是心靈相通的，能夠理解彼此和感同身受，更容易做出有效的支持和安慰，這也是陳女士最終選擇在網路上獲得安慰的主要原因。

事實上，喪子者本人也要自己幫助自己。心理學家認為，喪子父母一般在心理上都要經歷三個階段：第一個階段是失去孩子的半年到一年的時間之內，在這段時間裡很多喪子的父母都不願意再與外界溝通，也不願相信失去孩子的事實，所以這個階段也叫迴避期；第二個階段是失去孩子的兩年到三年的時間內，父母開始漸漸接受事實，但創傷依舊潛藏在內心深處，難以消除；第三個階段是喪子多年之後，父母透過各種方法逐漸走出心理陰影，並慢慢接受新事物，迎來新生。

所以，喪子者們要相信，傷口終究會癒合，第一個階段的確很難熬，為了不刺激自己，喪子者可以選擇暫時不與和傷痛記憶相關的人或事接觸，但也不要與世隔絕，夫妻之間最好能夠相互安慰和依靠。如果夫妻不

幸離婚，還要有一個或兩個關係要好的知心朋友，這樣至少會有個精神依靠；第二個階段就需要喪子者們努力克制時不時就襲來的痛苦情緒，做好心理調節，慢慢接受身邊的一切；而在第三個階段，喪子者們要著重為自己尋找「重生」的力量，在和一些與自己有著類似經歷的人的接觸中學會感受別人的痛苦，並從中找到共鳴，幫助他人度過難關的同時，其實也是在為自己重新定位生活，找到生活的價值和意義所在，讓自己像孩子一樣，在經歷過劇痛之後再一次迎來新生。

單親家庭子女心理調適

隨著離婚率的不斷攀升，單親家庭也在不斷增加，很多孩子都成了大人婚姻失敗的犧牲品。然而，就單親家庭這個詞而言，很多單親的出現也並非全是因為離異，有的是因為喪偶或未婚先孕等，但從普遍意義上來看，離異造成的單親居多。

離婚以後，孩子通常和母親居住的比較多，因為大多數人會認可母親與子女的關係更加密切一些。但事實證明，有50%以上的母親都不能保持離婚前的那種融洽、和諧的親子關係，很多母親都在與孩子的長期相處中產生摩擦，直至關係惡化。有的單親父母在離異後會考慮重組家庭，認為孩子的生活會得到改善，因為孩子會有新的兄弟姐妹，多一個關心他的爸爸或媽媽，會使原本殘缺的家得以完善和修復。

但多數孩子對此卻極為牴觸，他們會忽略這裡面的好處和新的幸福來源，而衍生憤怒和叛逆情緒。有調查顯示，父母離異的孩子很容易出現孤獨、自卑、無助等情緒感受，其中也有部分孩子會感到妒忌，因為他覺得

第六章 特別關注—特殊族群心理調適

自己的媽媽或爸爸將對自己的關愛分給了別人，因而抵抗情緒愈演愈烈。

有調查顯示，單親媽媽的數量普遍高於單親爸爸，且單親爸爸的數量正在日益增加。據了解，美國的爸爸們都已被允許參與自己孩子的接生過程，當他們目睹了孩子的出生過程，他們就會更加懂得如何去做一個父親該做的事情，並且深刻地理解和認識這個生命，願意在今後花更多的時間去照顧自己的孩子。

心理學家認為，家庭解體對一個孩子造成的心理影響是難以預估的。因此，很有必要對單親家庭的孩子的心理發展做比較深刻的認知和理解，並幫助他們更好地適應單親家庭的生活環境。

單親家庭的孩子容易出現以下幾種心理和行為特徵：

一是有強烈的自卑感、怨恨情緒，甚至感到自己被拋棄。孩子會因為父母離異而感到羞恥，也不肯和別的孩子說話、交流，甚至對大人懷有敵意，久而久之，導致交際能力下降，缺少知心朋友，情緒低落時無人傾訴，更找不到合理的發洩初口。孩子越小，這些負面影響越容易出現，負面作用也越大，並且隨著時間的累積而不斷加劇。

二是出現比較嚴重的性格缺陷，個性發展受到影響。家庭是孩子成長的主要環境，離異讓孩子的教育產生缺失，容易導致孩子怯懦、衝動、粗暴、情緒不穩定、病態防範等負面心態。

三是心靈創傷難以修復，持續時間長。有調查顯示，在離異的單親家庭中，有37%的孩子在父母親離婚五年之後，當初的心靈創傷仍舊難以癒合，而29%的孩子稱自己還在勉強應付和煎熬之中。

四是導致孩子出現不同程度的行為問題。家庭破裂對孩子造成了心理陰影，他們往往會與父親或母親產生對抗情緒，使得他們的行為出現叛逆

的傾向。家庭也因為缺乏溫暖，孩子們很容易與社會上的人打交道，沾染上一些不良的行為習慣，如逃學、撒謊等。

心理學家建議，離異的父母在孩子的教育方式上要講求方法，避免陷入惡性循環。

第一，要坦白而平靜地告訴孩子自己與另一半離婚的事實，並給孩子鼓勵。單親媽媽或爸爸和孩子一起生活、相處，這是必須要向孩子坦白的一件事，但是在陳述的時候要心平氣和，並鼓勵孩子勇敢面對今後的生活，告訴孩子，雖然爸爸或媽媽不能和他們一起生活，但只要他們需要，父母都會第一時間出現。

第二，要讓孩子感到充分的安全感，而不是你報復對方的工具。要知道，大人離婚，傷害最大的始終都是孩子，單親母親或父親要讓孩子知道，雖然你們不能在一起了，但還是很愛孩子的，生活中即便少了母親或父親，孩子一樣能夠感受到來自父母的關愛。切忌不要把孩子當作出氣和報復對方的工具，這樣不但不利於孩子的身心健康，還會使孩子的人格遭到扭曲，成年後失去愛人的能力。要做到這一點，需要父母雙方的合作，承擔撫養責任的一方要多與另外一方聯絡，而不參與撫養的一方也要經常前往看望孩子，使其感受到父母即便不在一起了，但他們的關係還很好，對自己的愛還是一如既往。

第三，給孩子獨立的成長空間，保持各自的獨立性。單親家庭中的親子關係既不能過分疏遠，也不宜過分親密，太疏遠會使孩子缺乏安全感，而太親密會讓孩子產生過分依賴的負面效應，同樣不利於孩子的身心健康發展。因此，單親母親或單親父親要注重培養孩子的獨立性，給予關愛的同時不要凡事都代勞，適當地給孩子自己做選擇和決定的機會，讓他們能

第六章　特別關注—特殊族群心理調適

夠在一個獨立自由的環境中成長。

第四，教導孩子並引導他們勇敢尋找玩伴。單親家庭的孩子往往在人際交往能力上存在缺陷，這與其自卑心理有關係，因此單親母親或單親父親要經常鼓勵孩子多與同學交流，多參加社交活動，勇敢地和朋友談心等，並為孩子與朋友之間的交際往來提供必要的條件。因為只有透過改善人際關係，才能好好地幫助內心有自卑感的孩子盡快走出自卑的陰影，性情開朗樂觀起來。

第五，為孩子樹立榜樣。單親家庭中的孩子很容易受到單親母親或單親父親的影響，因此，為孩子樹立正面的榜樣非常重要。比如，單親母親和父親自身要有正確的人生觀和價值觀，有良好的人際關係，孩子也會深受感染。

做到以上幾點之後，單親父母們還要注意避免以下行為：

首先是一味排斥另外一半。很多夫妻離異後都會對另外一半深懷怨恨，恨不得與對方再也不要相見了，甚至希望孩子也跟著自己恨對方。但是，這種自私的行為會對孩子造成心理困擾，一方面孩子見不到自己的親生父親或母親，內心思念卻又不敢說出來，導致孩子內心壓抑；另一方面，孩子在無數父母貶低對方的話語中產生懷疑，心中美好的父親或母親形象會受到損害。久而久之，孩子的性格發展方向就會逐漸偏離正常軌道。

其次是給孩子過多的情感暗示。比如說孩子可憐，缺少父愛或母愛之類的話，這表面上是在表達對孩子的憐惜，但事實上是在引導他們認為自己不正常，向孩子傳遞單親家庭不正常、單親家庭是有問題的家庭的思想，是在將孩子在成長過程中出現的種種問題都歸罪於家庭的不完整。

孩子在不知不覺中就會出現心理陰影，即便孩子自己想要擺脫，也很難做到。

最後是給孩子過多的寵愛。父母給孩子關愛是很正常的，但愛的度要拿捏得當。有些家長對孩子非常溺愛，捧在手裡怕摔了，含在嘴裡怕化了，而在單親家庭中，家長可能會因為離異而覺得虧欠孩子，因此，想透過給予孩子更多的關愛去彌補他們所缺失的那分愛。於是，無論孩子有什麼要求，精神上的也好，物質上的也罷，都會無條件給予滿足。

單親父母在這個過程中看似是在付出，實質上是非常自私的，因為他們只不過是想減少自己的罪惡感，卻對孩子的人格發展異常視而不見，讓孩子變成一個任性、自私、不懂得分享和考慮他人感受的人，甚至在成年後出現人格障礙。

因此，單親父母們在教育孩子的時候一定要講究方式，以坦誠的態度與孩子溝通，多鼓勵他們，避免陷入錯誤決策，關注其飲食起居的同時，也不要忽視了他們的心理發展，為孩子的未來多考慮一些。

第六章 特別關注—特殊族群心理調適

第七章　美麗人生
——幸福要自己釀造

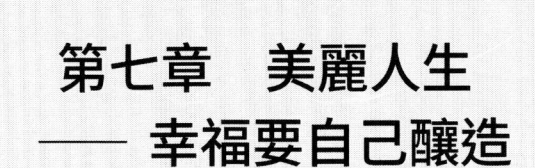

　　每個人都希望過幸福的生活。美麗的人生就像醇香的美酒，需要我們自己來釀造。開啟心結，讓我們為了明天而努力；釋放潛能，讓我們的人生有出彩的機會。內心強大可以創造財富；透過練習也可以擁有快樂人生。

第七章　美麗人生—幸福要自己釀造

不完美也是一種美

　　完美其實是人類的一種錯覺，世界上根本就不存在絕對完美的東西，一個人如果總是追求完美、追求極致，那他注定就是失敗的。不管做什麼，當我們用完美作為衡量的標準時，就注定會存在缺陷。

　　心理學家阿倫森（Elliot Aronson）曾經做過這樣一個實驗：在一場競爭尤為激烈的演講會上，有四位演講者，其中兩位演講水準很高，屬於才華出眾的類型；而另外兩位則是相對平庸的演說家。

　　在演講的過程中，一位才華出眾的演講者不小心將桌上的水杯打翻，水很快就流了一地，演講臺上原本很嚴肅的演講者露出了窘迫的表情，隨即向大家道歉；而另一位才華出眾的人表現完美無缺，沒有出現絲毫差錯，順利做完了演講；另外兩位才能平庸的選手也出現了相似的現象，其中一個在演講時打翻了桌子上的水杯，另一個平平淡淡地完成了演講，沒有出現錯誤。

　　等到演講都結束後，實驗者在聽眾中進行了一次「最受歡迎講者」的評選。結果是：才華出眾、在演講時打翻了水杯的演說家留給大家的印象最深，被評為「最受歡迎講者」；才華出眾、未犯任何錯誤的演說家得票數位居第二；才華平庸者中，那個同樣打翻了水杯的演說家得票數居於第三位，才華平庸、沒有犯錯的演說家排在最後。

　　根據實驗的結果，阿倫森總結說，完美的人因為距離感，使人有種望塵莫及的感覺，因而很難接近。假如優秀的人能夠表現出平凡人的一面，比如犯錯誤，很快就拉近了他與大眾的心理距離，人們總是喜歡那些有些特殊才能而又容易親近的人。

> 不完美也是一種美

　　人們願意結識那些優秀的人，但往往又會因為他們表現得太過完美而令人敬而遠之。從另一個角度來說，那些具有優勢的人往往會給人一種心理上的壓力，但一個小小的錯誤，就可以很快降低或消除這種心理壓力，拉近雙方的心理距離。

　　如果一個人太過完美，那他的身邊要不全部都是完美的人，要不就沒有人，完美有時就是一種缺陷，而不完美恰恰就是另外一種美。因為缺陷和錯誤是每個人都不可避免的，更是人之常情，世界上沒有絕對完美的人。

　　你是一個追求完美的人嗎？回答之前，請先回答下面幾個問題。

　　1. 你是不是有「非黑即白」的傾向，很少會注意到黑與白之間的灰色地帶？

　　2. 你是不是常常因為現實沒有達到自己的要求而難以完成某項任務？

　　3. 當你在努力地做一件事或完成一項任務時，會不會總是擔心自己不擅長並因此而影響你的積極性？

　　4. 你是不是會過分糾結一些別人都很少在意的細節、規定或者是時間進度等問題呢？

　　5. 你是不是喜歡將「能否按照你的方式行事」作為決定是否與對方合作的先決條件？

　　如果以上五個問題的答案都是「是的」，那你就屬於完美主義者，不要急著否定，再細細回想，你的情緒是不是總是莫名其妙地低落或感覺自己做得不夠好？其實，這並不是「莫名其妙」的，而是有原因的，即你的完美主義要求讓你對自己訂下了太高的標準，完美主義不但是你用來要求自己的標準，也是你衡量身邊人的標準。所以，你一定經常感到挫敗和痛

第七章　美麗人生－幸福要自己釀造

苦，而你身邊的人也一定認為你太挑剔了。

茱莉亞・卡麥隆（Julia Cameron）曾經在《創作，是心靈療癒的旅程》(*The Artist's Way: A Spiritual Path to Higher Creativity*) 一書中寫道：「完美主義其實是導致你止步不前的障礙。它是一個惡性循環——一個強迫你在所寫、所畫、所做的細節裡不能自拔，喪失全觀性又使人精疲力竭的封閉式系統。」完美是一個人創造力、生產力和清醒頭腦的最大敵人，人們在完美主義中舉步維艱，有時會對自己產生懷疑，讓身邊的親人、愛人、朋友感到困惑，也讓追求完美的個人陷入情緒黑洞。所以，衝破完美主義的惡性循環，在充滿瑕疵的世界中尋找美好，人才會活得充實而充滿驚喜。

要克服完美主義，不妨聽聽心理學家的建議，從以下心理技巧中找到最適合你的。

1. 運用「甜檸檬效應」暗示自己。有一隻狐狸到處尋找吃的東西，好不容易找到一棵大大的葡萄樹，卻因為搆不著而吃不到，幾經周折卻始終沒找到想吃的可口的食物。後來，牠發現了一顆檸檬，狐狸知道，檸檬屬於柑橘類水果，聞起來芳香撲鼻，吃起來卻酸澀味苦。但飢餓難耐的狐狸不得不吃下這顆檸檬來充飢，於是，他只好自己安慰自己說：這正是我所尋找的，是我想吃的！這種自己安慰自己說檸檬是甜的，正是自己想要的心理安慰現象，後來被心理學家稱為「甜檸檬效應」。

完美主義者要善於用「甜檸檬效應」暗示自己，造成自我安慰的作用。

當完美主義者對目標有著過高的期待時，如果達不到這個標準，在強大的自尊心作用下，很難找到為自己開脫的理由。這時候「甜檸檬效應」會啟示完美主義者要回歸現實，珍惜眼前的事物，得到的就是最好的，其

> 不完美也是一種美

他的目標都是理想化的東西。這種把以前的目標價值貶低的做法，雖然會不同程度地失去完成預期目標的動力，但對於維持心理健康來說，是很有作用的，可以幫助多數失意者實現情緒上的軟著陸，減少情緒上的大幅波動。

2. 分析完美和不完美的利弊。現在準備一張紙或一個本子，一支筆，然後把你追求完美的好處和壞處寫下來，在寫的過程中，你也許就會發現壞處遠比好處多得多。明白了這一點之後，再好好分析這裡面的好處和壞處，不妨對其中的好處做一個驗證。將自己在各種情況下的標準分為三個等級，即高標準、得標準、低標準，然後再試著將這些標準降低，觀察自己的表現在降低標準之後會不會也跟著降低，結果將會令你吃驚——降低了標準之後，你的表現竟然比以往更好了。因為，你以往總是以為自己不行，認為失去那些標準之後自己就會失去方向，而事實上，完美主義的要求並不是成功的唯一基礎。

3. 假設你已經放棄了追求完美。當一個人認為自己如果不去追求完美，就會變得不快樂，沒有辦法去享受生活時，這就變成是強迫症的表現。要想除卻這種想法，最好是使用反完美主義法則，即假設你現在就是一個不追求完美的人。制定一個計畫，包括很多日常瑣事、生活中的娛樂、工作上的任務等，將你從這些事情中獲得的滿足程度用你自己的方式記錄下來。首先預測一下自己完成以上活動的完美程度，用百分比記錄下來；再衡量一下自己完成每項活動或任務之後的自我滿意程度，同樣用百分比記錄下來；最後，把前後兩次記錄下來的百分比放在一起加以比較，進而找到「完美度」和「滿意度」之間的關係，你會發現你先前在兩者之間確立的關係被打破了。

緊接著，用你的不追求完美的心態去隨性地做以上事情，看看自己在

第七章　美麗人生—幸福要自己釀造

其中是不是會感到不快樂,你的滿意程度會出現什麼變化。

如果你還是不能下定決心,那就去尋找吧,看看是否真的有近乎完美的事物存在,完美主義是否完全符合現實。比如,近距離觀察別人的衣服,你會發現很多褶皺,有不少灰塵落在上面,但是遠遠地看,這件衣服很好看,你甚至覺得很完美,與穿著這件衣服的人很相襯。轉移視線,再觀察另外一個人,這是一個年輕漂亮的女性,她的身材很好,尤其是那頭秀髮被巧妙地盤在腦後,看上去簡直完美無瑕,很有氣質,你讚嘆她居然有如此高超的盤髮技巧。但是現在,把距離拉近點(在不冒犯對方的前提下),再仔細觀察她的頭髮是怎麼盤起來的,忽然你發現在她那柔順的髮絲裡面居然有幾塊白色的小東西 —— 頭皮屑,一時之間,你的完美主義塌陷了。也就是說,當你仔細、細緻地去看待一樣事物時,完美是不存在的,任何完美的標準都會被否定。這種對完美的追求只會令你陷入失落,為什麼不放棄呢?

4. 戰勝恐懼感。心理學家認為,完美主義者在追求完美的同時,內心一直伴隨著恐懼的影子。這是很多完美主義者不願承認,也很難意識到的。想一想你為什麼會追求完美,是不是有種力量在驅使你萬事必須精雕細琢,而如果放棄了完美主義,便會感到擔憂和恐懼,似乎天要塌下來了。

完美主義者之所以有著十分苛刻的行為模式,恐懼造成了很大一部分推動作用。強迫型拖延者就是完美主義的追隨者,會在一切人或事上追求盡善盡美,因此在很多細節上都會花費很多的時間,結果導致拖延。比如,你每天上班前都要花好長的時間在鏡子前觀察自己的髮型,拿著梳子或剪刀這裡修理一下,那裡再整理一下,結果不是遲到了,就是要提早好幾個小時起床,甚至不得已減少自己的工作量,直到最後再也工作不

下去。

這種恐懼源自不自信，總是盯著自己的缺點，生怕被發現。其實，人人都很忙，他們根本無暇顧及你，你的完美或不完美，也許別人只是一眼帶過，而你自己卻要為此付出巨大的代價，想想真的很不值得。

5. 學會重視過程。也就是說，當你對一件事情開始做出評判時，用來衡量的標準是過程而非結果。完美主義者對結果是很看重的，所以轉變這一觀念尤為重要。

6. 勇於示弱，學會犯錯。阿倫森已經告訴我們，一個有能力的人偶爾犯點小錯，在人前示弱，會拉近人際關係。所以，展示你的脆弱，犯點小錯，會有出乎意料的收穫，你絕對不會被嘲笑，相反還會得到尊重，收穫好感。

7. 讓更多的色彩走進你的視線。世界上的顏色絕對不止黑和白兩種，非黑即白的觀點是典型的完美主義，所以從現在開始，你不妨替你的每一段關係，你所從事的每一項任務，你的每一個目標，包括你的衡量標準等，都增添除了黑與白之外的顏色，即接受複雜和混亂，輕鬆愉悅地去面對一切問題，不要自我設限，彩虹為何如此美麗？因為它是七彩的。孩子的世界為什麼都很單純、很快樂？因為他們總是能夠看到彩虹。

這個世界上有太多的規則，遠遠超出「非黑即白」的標準。比如一篇文章，你不可能要求裡面的每句話都是經典，只要有一部分是精彩的，有經典的結論或觀點，人們還是會喜歡的。所以，「非黑即白」的思維模式是荒謬的，你必須給自己增加更多的色彩。

8. 巧妙利用你的貪婪心。大多數的完美主義者都有好勝心理，總是希望在一切事情上自己都要成為佼佼者。所以，現在就充分利用這種好勝的

貪婪心理，考慮一下，假如把標準降低一點，會不會更加成功呢？比如，你要寫一篇專業研究論文，為了精益求精，一鳴驚人，你整整花了兩年的時間，但是別人在這兩年的時間裡已經發表好幾篇論文了，而且那些人與你的智力和能力水準都不相上下。你在這兩年內只發表了一篇98分的論文，而別人發表的十篇80分的論文加起來已經有800分了，到底哪一個更成功？這樣想，你就會甘願降低標準，轉變心態，提高了效率，也提升了滿意度。

9. 學會傾訴。完美主義者多半都比較好強，在人前都會裝出一副強者的樣子，但其實私底下他們也有情緒低落的時候，也有犯錯、出現失誤的時候。因此，要想克服完美主義，就大膽地在外人面前傾訴吧，把你的自卑、失落都說出來，不要加以掩蓋，並向對方請教解決辦法。如果你還是擔心對方會因為你的這些缺點而排斥你的話，那你就永遠都擺脫不了完美主義的折磨。事實上，你只要願意嘗試，便會發現情況與你想像的完全不一樣，對方非但不會排斥你，反而會更加願意親近你。

打破心結向前衝

如果人類目前正在面臨一種疾病的威脅，相關專家預測這場疾病將會致使600餘人死亡，目前有一種可行方案，但他們採用了兩種不同的文字描述方式。

第一種描述方式：這裡有兩種方案，A方案可以挽救200人；B方案有三分之一的機率挽救600人，三分之二的機率一個人都救不了。

第二種描述方式：這裡有兩種方案，C方案會導致400人死亡；D

方案有三分之一的機率無一人死亡，三分之二的機率導致 600 人無一人生還。

實際上，這兩種情況是完全一樣的，但是閱讀了第一種描述方案的人選擇的是 A 方案，閱讀了第二種描述方式的人選擇的是 D 方案。如果是你，你將會做何選擇？

讓我們來分析一下，挽救 200 人就相當於 400 人死亡；三分之一的機率救活 600 人，和三分之一的機率無一人死亡是一樣的，而面對兩種不同的描述方式，卻出現了兩種不同的選擇。這兩種表述方式改變的也僅僅是參考點，人們不願冒險，於是選擇 A；在死亡和冒險面前，則更傾向於冒險，因為死亡是徹底的失去，於是選擇 D。

美國芝加哥大學經濟學家理查·塞勒（Richard H. Thaler）曾經提出過一個問題：其一，假如現在你患上一種病，有一萬分之一的可能性會猝死，而眼下有一種藥，服用了以後，死亡率就會降到零，請問你願意花多少錢來購買這樣的藥？其二，如果你的身體是健康的，現在有一家製藥公司想找你來參加測試其新研製的一種藥物，服用之後有一萬分之一的可能性導致猝死，請問你又會要求醫院用多少錢來補償？

在這項實驗中，很多人說願意花幾百塊錢來買藥，可是即使那家醫院願意出資萬元，也沒有人願意參加新藥的測試實驗。心理學家分析，這其實就是一種損失迴避心理在發揮作用。因為患病後治癒，相對於基本健康的身體而言，是一種較為不敏感的獲得，而對健康身體的負面刺激，尤其是增加死亡的機率，則是人們難以接受的巨大損失。可見，對損失所要求的補償是遠遠高於為治病所願意付出的代價的。

由此，塞勒提出了「心理帳戶」一說。舉個簡單的例子來說，面對同

第七章　美麗人生—幸福要自己釀造

樣的 100 塊錢，工作賺來的和買樂透贏來的或路上撿的，即使是在同樣的心理情境下產生的刺激效果也是不一樣的：辛苦賺來的就不太捨得花，意外得來的就會很快被花掉。也就是說，同一數目的錢財在同一個消費者的心理上產生的刺激是不同的，我們需要為源自不同途徑的錢財建立一套不同的心理帳戶體系。

說到這裡，我們大多數人不難發現：很多人在損失或尚未得到時，總是會不甘心，願意冒險一試；在收穫的時候或者得到的瞬間，卻總是小心翼翼，變得異常謹慎，不願意冒半點風險。究其原因，其實是因為收穫或得到時的快樂感已遠遠低於損失或求而不得時的痛苦了。

這不禁令我們聯想到心理學中的另外一個心理效應──約拿情結。

約拿情結是存在於我們每個人心中的一種心理現象，這個概念來自《聖經》(*The Bible*) 中的一則小故事。

《聖經‧舊約》中有一個人叫約拿，是亞米太的兒子，也是一名虔誠的基督徒。一天，耶和華神對他下達了一個神聖的使命：以神的旨意宣布赦免一座罪惡之城，這座城叫尼尼微城。但面對這夢寐以求的使命，約拿開始害怕了，並最終選擇乘船逃走。後來，耶和華神前去尋找他，懲戒了他，還讓一條大魚生吞了他，反覆喚醒和猶豫不決之後，約拿終於悔改，答應去完成自己的使命。

事實上，耶和華神的使命一直是約拿求之不得的，而當使命真的降臨在自己的身上時，約拿竟膽怯和謹慎起來。心理學家分析，這種類似的心理現象普遍存在於人類生活中的各方面，並將其引申為面對渴望已久的東西時所產生的畏懼和矛盾心理。

1966 年，美國心理學家馬斯洛 (Maslow) 進行了深入研究，發現人類

幾乎都有這種心理：在面對自己時，很容易出現逃避成長、執迷不悟、拒絕承擔偉大使命等心理及行為表現；而在面對他人時，如果對方比自己優秀，嫉妒多於羨慕，別人比自己差，會打從心底裡感到得意和快活。心理學家馬斯洛便借用《聖經》中的約拿的名字稱之為「約拿情結」，認為約拿在榮譽面前恐懼是因為擔心自己做不好，刻意迴避即將到來的成功，所以「約拿情結」又可以用來指那些渴望成長，卻又因為某些內在阻礙而懼怕成長的人的一種心理現象。

每個人都渴望成長，提高自我，並在日常生活中和工作中實現自我價值，為夢想發揮最大潛能之後，充分享受收穫的滿足感和成就感。但實際上，很多人還是無法完成實現自我價值的夢想，並且始終不能充分展現並面對自己。而「約拿情結」正是阻礙我們實現自我的障礙之一，它往往導致我們沒有勇氣去做本來可以做得很好的事情，甚至去逃避，不願去挖掘潛能，這主要表現在缺乏自信心與上進心等方面。

有心理學家分析說：人們常常會出現一種叫做「無意識防衛」的心理機制，也就是說人們不但會壓制那些可怕的、危險的、可憎的衝動，往往也會壓制一些美好的、崇高的衝動。

其實人們的本性追求成長，渴望自我的實現，想要滿足這種衝動，在這種衝動的作用下，我們大膽地追求自我，為目標和理想而奮鬥，希望把最優秀、最完美的一面表現出來，得到大家的認可。但遺憾的是，事實告訴我們，表現自我並不一定受歡迎，還是把真實的自己偽裝起來比較好。

於是，我們漸漸地像變色龍一樣穿上了變色外衣，為迎合大眾隱藏起自己的個性，為防止冒犯了別人而過分壓制自己。我們往往在自以為很成熟的日子裡回想，莫名其妙地覺得當初的自己怎麼那樣天真可笑，那麼輕

易地相信一個人……現在，絕對不會了。其實不是你成熟了，而是你的「約拿情結」在歲月的打磨中越發嚴重了。

都說人要學會適應環境，如果改變不了環境那就改變自己。為了求得認可，人們不惜拔掉自己身上本有的刺。但實際情況是，即便你拔掉了身上所有的刺，也不一定會得到認可、獲得成功。那些真正成功的人之所以成功，就在於他們在內在的本性和外在的環境發生衝突時，不會選擇和強大的、無處不在的社會妥協，不會溫順謙恭，表示服從，更加不會放棄自己，而是以自己的方式去解決衝突，並始終堅持自己的理想和信念，如此，才會取得不同於常人的不凡成功。

人類從出生到老去，成長是一個必經的過程，也是人的本性，只是每個人的成長方式不同，最終生成的狀態也不一樣。如果想健康、快樂地生活，並發揮自身潛能、實現自我價值，那就衝破心理阻礙吧！讓生命像花苞一樣，在一種不受任何限制和束縛的條件下綻放。

角度決定世界的面目

▶ 你的視網膜決定著你看到的世界

被譽為美國「鋼鐵大王」的安德魯・卡內基（Andrew Carnegie）很早之前就提出過一個觀點，他認為，每個人的人格特質中都會有80%的長處，剩下的20%基本上都是短處。當一個人很清楚地知道自己的缺點是什麼，卻不去挖掘優點的時候，那他就很容易在身邊的人身上發現和自己一樣的缺點，而絲毫不能發現一丁點優點，這就使得他的人際關係變得緊張。在

生活中也是如此，這類人很難發現美好，看見的也總是黑暗的東西。

而另一位成功大師，也就是美國現代成人教育之父，被譽為 20 世紀最偉大的心靈導師和成功學大師的戴爾・卡內基（Dale Carnegie），就一直在強調，一個人要有良好的心理狀態，贏得別人的歡迎，培養欣賞自己的優點的能力是必不可少的，因為那些總是說別人很沒禮貌、很凶的人，實際上自己也好不到哪裡去。

這兩位大師之所以都一致如此認為，就是因為這是普遍存在於人類心中的一種心理現象，即當一個人自己擁有了一樣東西或某種特徵的時候，就會不知不覺間在平時比正常人要更加留心別人是否也同樣具備這項特徵。換句話說，一個人用什麼樣的眼光去看待這個世界，那他就會看到什麼樣的風景，心理學家稱之為「視網膜效應」。

日常生活中，「視網膜效應」無處不在，如果你是一名教師，你會在大街上看見很多言行舉止很不符合要求的學生；如果你是一名房產銷售人員，你會在大街小巷注意隨處可見的某個售屋廣告的宣傳；如果你是一位記者，你就會更加在意人群中那些最有可能成為爆料焦點的事件；如果你愛吃蛋糕，那麼大街上的蛋糕店你一家都不會錯過；如果你今天穿了一件藍色的外套，那麼你也會發現路上穿藍色外衣的人空前地多……

同樣的道理，假如你是一個懂得欣賞自己的人，那麼你也會發現你的周圍其實有很多人都是值得你去欣賞的；如果你性情溫順，懂得享受生活，那麼你也會發現很多性格好的同道之人，你們都一樣覺得生活美好；假如你是一個脾氣暴躁的人，那麼你就會說你找不到一個有耐心的人……

「視網膜效應」啟示我們，你希望世界是什麼樣子，那就用什麼樣的眼光去審視這個世界。

第七章　美麗人生─幸福要自己釀造

為什麼開朗大方的人永遠比內向善感的人更快地融入群體和社會，這就是「視網膜效應」的影響力──只因關注點不一樣，所以看見的世界就不一樣。假如我們帶著自我意識去看待一切時，其實看到的就是我們自己。所以，如果我們希望看到美好，看到健康，那就先做美好的自己，做健康的自己，這樣才會看到最真實、最美好的風景。

▶ 你的行動力影響著你的心理狀況

一個人的行動力會對他造成多大的影響呢？如果你願意把你的想法、計畫、心事等寫在一張紙上，然後你會發現一個很奇特的現象──你對待那些想法、計畫、心事等的態度和感受會因為這張紙而發生轉變。

俄亥俄州立大學心理學系教授理查・佩蒂認為，當人們把想法寫下來並好好保存，之後對該想法的執行力會明顯受到這張紙的影響。如果你把這張紙丟掉了，之後你對這個想法的態度也將發生轉變。因此，心理學家建議，當我們有了不愉快的想法或情緒時，不妨將它們寫下來，然後把那張紙揉碎或丟掉，這將會大大減輕我們的心理負擔。

有研究者針對該觀點設計了一組實驗。在第一個實驗中，研究者們找來了 93 位高中生，讓他們參與一個有關「身材形象」的實驗，每一個學生都需要在三分鐘內把他們對自己的身材的評價寫下來，好的評價或不好的都可以。三分鐘之後，研究者要求學生們把他們寫在紙上的內容回顧一下，然後要求其中一半的學生把紙條扔進教室外面的垃圾桶內，剩下的另外一半學生則主要檢查內容中是否出現文法錯誤。

接下來，研究者發給每人一份評量表，讓他們對自己的身材的滿意度做一次自我評估，比如自我感覺比較好的是什麼，不好的又是什麼；哪些

比較吸引人,哪些不吸引人等等。結果發現,那些被要求只檢查拼寫文法的學生們受到之前寫下來的內容的影響,在做評量表時,寫在紙條上的負面評價,在評量表中以相同的結果再次呈現出來。而被要求丟掉紙條的學生在做評量表時,均沒有受到紙條上的內容的影響。

在第二個實驗中,研究者把人數增加到了284人,實驗的類型與上次類似,但評價的對象是地中海型飲食。這是一種被大多數人認可的飲食方式,以強調大量攝取蔬果、堅果、糙米麥食物、橄欖油為主的一種健康飲食概念。研究者要求學生們把自己對地中海型飲食的評價寫在一張紙條上,然後把大家分為三組。第一組學生把紙條扔掉,第二組學生要把紙條放在他們的書桌上,而第三組學生則要把紙條放在各自的皮夾或上衣口袋中。隨後,他們被要求填寫一份表單 —— 對地中海型飲食的評價以及是否會採用該飲食方式。

實驗的結果是,把紙條放在書桌上所產生的影響力要比扔掉紙條的影響力更大,而把紙條放在皮夾或口袋中所產生的影響力要遠遠高於放在書桌上的。也就是說,把紙條放在身上的學生,如果他們一開始就對地中海型飲食有比較正面的評價的話,那他們都會比較樂意接受和嘗試地中海型飲食方式;假如一開始就帶有負面評價的話,就不會接受這種飲食方式。

由此可見,把寫有你的想法或評價的紙放在隨身攜帶的皮夾或口袋中時,會增強想法或評價的力量,而且那張紙上的想法或評價也會變得更加關鍵和重要。

研究者隨後在第三個實驗中邀請了78位大學生,並要求他們用電腦上的文字編輯軟體將自己的想法用打字的形式表達並記錄下來。寫完之後,研究者要求其中一部分學生將存檔好的檔案拖進電腦的垃圾桶中,而

第七章　美麗人生—幸福要自己釀造

另外一部分學生要把寫好的文件儲存在電腦的資料夾中，剩餘的部分學生只要想像著自己已經把文件丟進了垃圾桶或還留在電腦桌面上。

這次實驗的結果是，對自己持有消極看法的學生，當他們把文件拖進垃圾桶中之後，這些負面評價的影響力也隨之大大減弱了，而把文件儲存在電腦的資料夾中的做法卻大大強化了這種負面評價，所產生的影響力要比前者大很多。但是，還有一組大學生只是運用想像力丟棄文件或保留在電腦桌面上，事實證明，這種想像力的運用不會帶來任何影響力。

這一系列實驗證明，當某個想法或計畫被寫在紙條上時，隨身攜帶會造成強化的作用，而徹底丟棄會造成削弱的作用，全憑藉想像力去強化或削弱基本上沒有什麼用。也就是說，當一個人對某個想法已經消失深信不疑時，那它就會真的消失，越是相信效果就越明顯；但假如只是憑藉想像力，就沒有任何效果，即只有運用了真正的行動力時，那張紙條才會發揮十分明顯的威力。

因此，如果你有不開心的事情，想要減輕心理負擔，不妨將它們寫下來，然後將這張紙或這份文件丟進垃圾桶中，雖然那些不好的情緒並不見得完全消失了，但其象徵意義已經完全不同了，至少我們可以暫時不用去理會它們了。

總之，當你做了最好的自己，你就能夠用這份美好去審視這個世界，看到別樣的風景；當你發現自己被一些不愉悅的情緒困擾時，你大可運用你強大的行動力，將它們通通趕出去。世界上最偉大的救世主其實就是我們自己，我們完全有能力決定開心還是悲傷，輕鬆或是負重，因為我們本身就是非常不錯的心理師。

▎「樂觀」是可以練成的 ▎

  心態的積極或消極在很多人眼中似乎是天生的，並非後天養成的心理特質，所以就有人說他天生就是樂天派，或他天生就是個悲觀主義者。事實上，不管是樂觀還是悲觀，全在於一個人的選擇。比如清晨起床，掀開窗簾看到新一天的太陽已經升起，大地鋪滿陽光，此時你是快樂地送給自己一個微笑，以正面的心態迎接新的一天，還是焦躁不安地擔心著即將到來的一天，陷入無邊的不安之中，這就完全取決於你自己的選擇。所以，積極、樂觀的心態並非全部都是天生的，消極、悲觀的心態更不是與生俱來的。

  心理學家研究發現，樂觀的性格是可以透過一些心理技巧在後天訓練而成的。這就需要那些心態悲觀的人在日常中進行有意識的訓練，主要從以下幾個方面重點練習：

  第一，要學會用微笑或者是正向的暗示來鼓勵自己。就像清早起床後，你對著窗外的陽光深呼一口氣，然後看著鏡子中的自己說：「美好的一天開始了！」當你帶著正向、樂觀的心情迎接新的一天時，這一天就不會很糟糕。因為心理學研究發現，如果一個人總是想著一些不好的事情，那它們就極有可能變成現實，這就是心理學中的「墨菲定律」。反之，如果你選擇經常微笑，讓那些不好的念頭和情緒一閃而過，不讓它們來折磨自己，久而久之，一切都會變得好起來。所以，積極的心理暗示會帶給人們巨大的正能量。

  第二，身處逆境中要善於發現潛藏的機遇。很多悲觀的人一旦遭受挫折，就會萬念俱灰，甚至一蹶不振，但樂觀的人不一樣。好比同樣是面對

第七章 美麗人生—幸福要自己釀造

著半杯水,悲觀的人會說:「只剩下半杯了,怎麼辦?」而樂觀的人會說:「還有半杯水呢,還是有希望的。」可見,悲觀與樂觀的區別主要是在看待事物的態度上,樂觀的人不是沒有發現困境中的問題,只是他們永遠都會給自己一個充滿希望的暗示,保持積極向上的心態和鬥志,相信自己有能力去應對各種挑戰。譬如同時身陷困境的兩個人,在能力相當的情況下,樂觀的人比悲觀的人更加容易擺脫困境,這主要還是因為樂觀者依然能夠正常發揮能力,而悲觀者就不一定了。

第三,多結交性情開朗的朋友。不善言談的人如果一直與一群喜歡嬉笑打鬧的朋友相處,也會在不知不覺中受到感染;如果一直與悲觀的人打交道,勢必會加重悲觀、消極的心態,很難變得健談和愛笑。因此,多結交一些樂觀開朗的朋友其實也是你改變自己的一個重要方法。你要學習他們身上的亮點,他們為人處世的正向態度。

第四,多放點精力在你可掌控的事上。消極總是會令人變得優柔寡斷,把過多的擔憂放在還未發生的事情上面,並且對眼前該做的事情置之不理,這是在浪費時間,也是在自尋煩惱。所以,從現在開始就做出改變,把精力多放在你可掌控的事情上,接受不可改變的現實,停止把自己想像成一個受害者的形象,將那些所謂的遭遇通通拋開,多想一些美好的事物,決定權始終在你自己的手上。

第五,多回味歡樂時光。悲觀者往往很容易忽略生活中的歡樂,而對痛苦的感受總是特別敏感和記憶深刻,因此而錯過了很多美好時光,但樂觀的人卻完全相反。所以,你應該多留意身邊的美好,多關注發生在生活中的幸福之事,停下匆忙的腳步去回憶和品味過去的時光,從中捕捉歡樂的點滴,然後心存感恩。如果你這樣做了,心態會很快得以糾正,變得積極、開朗起來,那些消極情緒就自動離開了。

第六,學會接受人生中的變化無常。都說世事無常,這是自然規律,是不可改變的事實,如果你不能接受生命的變化,就無法保持一顆樂觀的心。因為悲觀主義者習慣於將消極的事情看作是永遠不變的、個人的、普遍的因素,所以他們生活得不快樂;樂觀主義者是把消極的事情看作是非恆久不變的、非個人的、非普遍的因素,所以他們活得快樂。其中,恆久是指伴隨一個人一生的事物,而個人是指和一個人緊密相連的事物,普遍則是指人生中的其他影響因素。接受變化,也接受當下的境遇不會一直不變的自然規律,心情便會開朗起來。

第七,要用愛去對待生活。我們每個人都需要愛,友情之愛、愛情之愛、親情之愛,還包括寬容之愛、諒解之愛等,但是愛又是相互的,所以,你想得到愛,就必須要學會付出愛。愛是一種強大的力量,沒有人會拒絕善意之愛,並且大家也都願意用愛去回報那些曾給予自己愛的人,這個過程會令一個人變得善良和積極。一個人在給予他人愛的同時,自己也會變得樂觀,也會收穫一種珍貴的正能量,不管是在親友之間,還是在愛人之間,愛都是能夠抵禦消極情緒的強大武器。

第八,客觀看待人生的種種起伏變化。其實悲觀者和樂觀者的人生挫折並沒有什麼絕對的區別,樂觀者也會遇到很多不順心的事,經歷很多人生轉變,但唯一不變的是,他們始終保持一顆積極向上的心。這是十分客觀的現實,只不過悲觀者可能會在處理挫折的方法和態度上與樂觀者存在差異,樂觀者能夠很快從困境中走出來,而悲觀者也許要花費更多的時間和精力。因此,當你認識到這一點之後,就不妨在困境中做好迎接最壞的結果的準備,但同時也不要忘了期待最好的結果,這樣一來,你才能既保持冷靜,也能夠做到以正向的心態應對挫折。

第九,活在當下,不要庸人自擾。如果一個人總是活在過去的陰影中,

第七章　美麗人生—幸福要自己釀造

或者總是將希望放在未來,那就永遠都不會快樂,因為過去的已經回不來,未來的都是虛無的未知數,我們唯一可以把握的就是現在,只有活在當下的人才能創造出真正屬於自己的未來。悲觀主義者多半都是或者將自己放在過去無法自拔,或者寄希望於虛無縹緲的將來,對眼前的一切充耳不聞,視而不見,也就不能體悟人生,體會歡樂了。所以,想要變得樂觀,其中一個重要法寶就是活在當下,不做庸人自擾的回憶者和暢想者,只要做好眼前的事即可。

「樂觀」是可以練成的

戰勝心魔，重塑自我！做自己的心理師：

情緒管理 × 人格障礙 × 應激反應 × 內心調適，從心理困擾到自我重塑，走向健康人生的必讀書

作　　　者：	魯芳
責 任 編 輯：	高惠娟
發 行 人：	黃振庭
出 版 者：	崧燁文化事業有限公司
發 行 者：	崧燁文化事業有限公司
E - m a i l：	sonbookservice@gmail.com
粉 絲 頁：	https://www.facebook.com/sonbookss/
網　　　址：	https://sonbook.net/
地　　　址：	台北市中正區重慶南路一段61號8樓 8F., No.61, Sec. 1, Chongqing S. Rd., Zhongzheng Dist., Taipei City 100, Taiwan
電　　　話：	(02)2370-3310
傳　　　真：	(02)2388-1990
印　　　刷：	京峯數位服務有限公司
律 師 顧 問：	廣華律師事務所 張珮琦律師

-版權聲明

本書版權為樂律文化所有授權崧燁文化事業有限公司獨家發行電子書及紙本書。若有其他相關權利及授權需求請與本公司聯繫。

未經書面許可，不得複製、發行。

定　　　價：350 元
發行日期：2024 年 08 月第一版
◎本書以 POD 印製

國家圖書館出版品預行編目資料

戰勝心魔，重塑自我！做自己的心理師：情緒管理 × 人格障礙 × 應激反應 × 內心調適，從心理困擾到自我重塑，走向健康人生的必讀書 / 魯芳 著 . -- 第一版 . -- 臺北市：崧燁文化事業有限公司, 2024.08
面；　公分
POD 版
ISBN 978-626-394-635-4(平裝)
1.CST: 心理衛生 2.CST: 心理治療 3.CST: 身心關係
172.9　113011076

電子書購買

爽讀 APP　　臉書